“互联网+”
行业深度落地系列

Internet+
Hotel

互联网+酒店

传统酒店的战略转型 营销变革与管理重构

李 勇◎著

**利用新媒体平台营销，借“互联网+”
实现O2O转型，实现酒店业绩创新增长**

人 民 邮 电 出 版 社
北 京

图书在版编目（CIP）数据

互联网+酒店 ：传统酒店的战略转型、营销变革与管理重构 / 李勇著. -- 北京 ：人民邮电出版社，2016.1(2023.3重印)
（“互联网+”行业深度落地系列）
ISBN 978-7-115-41062-7

Ⅰ. ①互… Ⅱ. ①李… Ⅲ. ①互联网络－应用－旅馆－服务业－企业管理－研究 Ⅳ. ①F719.2

中国版本图书馆CIP数据核字(2015)第273841号

内 容 提 要

本书主要内容包括三大部分：转型、营销和管理，如传统酒店如何借“互联网+”实现O2O转型；酒店如何利用新媒体平台营销；互联时代如何实现酒店业绩的创新增长；学习东呈酒店在“互联网+”时代下，打造“云酒店”服务模式；酒店如何与顾客实现“零距离”互动等，也针对一些特殊酒店类型（如单体酒店、经济型酒店等）的改革，本书也有具体章节进行论述。本书适合酒店行业研究者、对移动互联网发展研究感兴趣的读者阅读与学习。

◆ 著　　　李 勇
　责任编辑　赵 娟
　责任印制　彭志环
◆ 人民邮电出版社出版发行　　北京市丰台区成寿寺路11号
　邮编　100164　电子邮件　315@ptpress.com.cn
　网址　https://www.ptpress.com.cn
　涿州市京南印刷厂印刷
◆ 开本：700×1000　1/16
　印张：17.5　　　2016年1月第1版
　字数：219千字　　　2023年3月河北第30次印刷

定价：45.00元

读者服务热线：(010)81055493　印装质量热线：(010)81055316
反盗版热线：(010)81055315

前言

PREFACE

互联网的发展和移动互联网的到来，使得各个传统行业都迫切需要一剂变革的良药，“互联网 +”的概念正在此时应运而生。

可以说，“互联网 +”已经不仅仅是一个概念，它引领了一个时代，使得各行各业都在寻求与互联网的跨界融合，形成新的商业模式和生态系统，诸如“互联网 + 金融”“互联网 + 医疗”“互联网 + 农业”“互联网 + 教育”等。

作为传统行业一员的酒店也开始积极与互联网融合，进行产业结构的优化升级。那么，酒店业如何才能适应市场的发展呢？目前看来，大多数酒店的改革依然停留在理论层面，还没有真正将互联网思维与酒店管理融合起来，而只是简单地在网上销售客房和预订餐饮。

未进入互联网时代之时，作为对客流量要求极高的服务业，酒店选址是影响酒店经营的重要因素。互联网时代的新风暴使酒店的经营进入了一个全新的时代，用户流量与线下的实体店面的关联性在逐步减弱。当前酒店行业面临的困境一方面是不断涌现的加入者造成产能过剩，另一方面是酒店的产品以及服务千篇一律，落后且又同质化的问题限制了酒店行业的发展。

互联网思维所奉行的是一种用户至上的理念，彻底打破了工业化时代生产者和消费者之间的权力关系，使得消费者成为市场的主人，拥有了更多的话语权。

在酒店行业，完成角色转换的客户不再满足于标准的产品生产，而是致力于追求更高的价值创造。如果传统酒店仍然遵循标准化的生产和运作模式的话，势必会在市场上遭遇阻力。在由消费者主导的时代，酒店更应该站在消费者的角度，去了解他们的真实需求，并在此基础上设计和生产产品，最后将其投放市场。

客户对酒店产品及服务要求的逐渐提升，将推动酒店产生更多的一体化解决方案，这也将成为拉动酒店产业链从单一线型转向生态型的重要驱动力量。

如今，酒店行业的市场格局看起来纷繁复杂，存在的问题更是层出不穷：产业格局不稳定、盈利出现下滑、新常态还未成型，各种复杂现象（像跨界、转型、创新、融合、退出、升级等）交织在一起。

作为一个多年致力于酒店行业改革研究的从业者，我认为梳理当下酒店行业存在的问题，并指明新环境下的解决之道是十分有必要的。基于此，本书的主要内容包括三大部分：转型、营销和管理，其中每一部分又涵盖了一些细分的领域和具体的案例。

——酒店 O2O：传统酒店如何借“互联网＋”实现 O2O 转型？

——酒店＋新媒体营销：酒店如何利用新媒体平台营销？

——精益管理：互联时代如何实现酒店业绩的创新增长？

——东呈酒店：“互联网＋”时代下，打造“云酒店”服务模式

——四季酒店的品牌社交：酒店如何与消费者实现“零距离”互动？

另外，针对一些特殊酒店类型（如单体酒店、经济型酒店等）的改革，本书也有具体章节进行论述。

在互联网时代，酒店的客户群体、预订方式、交流方式以及上下游合作伙伴等都发生了颠覆性的变革，在这种大变革的环境中，酒店行业的从业者只有准确把握“互联网 +”的内涵，才能在酒店的战略转型、营销变革与管理重构过程中紧跟时代变化，引领行业潮流！

目录

CONTENTS

转 型 篇

转型篇

Part 1

转型与突围：

“互联网+”新常态下，传统酒店的变革与创新

互联网 + 酒店:“互联网 +”时代，酒店模式的解构与重构

随着“互联网 +”时代的到来，尤其是移动互联网时代各大社交媒体平台的兴起，使得人与人之间的交流能够跨越时间与空间的限制，“即时互动”与“信息对等”成为互联网时代新的特征。

PC 互联网时代，用户流量成为各大商家争夺的热点。而移动互联网的兴起使商家传统的商业经营活动发生巨大的变革，各大商家围绕用户时间开始了新一轮的交锋。移动互联网时代崛起的微信成为互联网时代的宠儿，中国的移动网民平均每天接触媒体的 5.8 小时中有 1 小时的时间就花在了微信上。

互联网为传统行业带来的市场化的机遇与挑战吸引了大量的商家投入到这场风暴之中，互联网与传统行业的结合带来的最为本质的改变是效率的大幅度提升。能否搭乘互联网时代的班车，站在移动互联网的巨大风口，成为企业得以发展壮大的时代主题。

酒店行业如何回归商业本质

商业的本质始终是能为用户创造价值，酒店行业也不例外，用户价值的创造过程中有着价值的创造与价值的传递两个核心要素。

价值的传递在互联网时代表现出新的特征，酒店从业者如今发现直接上门的消费者以及协议单位客户大幅度减少，通过移动互联网渠道订房的客户越来越多。对此，酒店的管理层进行了会员体系建立、App 开发，以及微信订房等直销渠道的诸多尝试。

其实价值的创造与传递两个过程有时可以同时实现，能够在创造价值的同时完成价值的传递是行业追求的目标，"去中介化"一直是商家们努力追求的重点方向。

扮演价值创造者角色的实体酒店在互联网时代有了更大的发挥空间，酒店从业者努力创造价值之余，借助互联网的即时互动性开发出更具效率的价值传递方式，进而实现与用户的无缝对接。

"互联网 +"还是"+ 互联网"，思辨比执行更重要

酒店业与互联网的深度融合，使酒店从业者不得不面对两个选择：产品抑或是平台？平台是"互联网 +"，而产品则是"+ 互联网"，如图 1-1 所示。

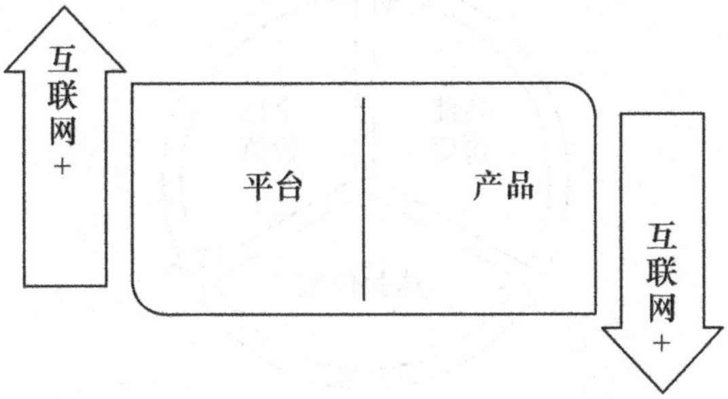

图 1-1 从业者选择背后的逻辑对比

搭建一个平台需要管理层对酒店本身所拥有的互联网资源有一个清晰的认识，能够完成平台用户的积累阶段、爆发阶段以及平稳阶段的顺利过渡。这也正是 2015 年“五一”假期期间湖南的酒店业与去哪儿网的冲突根源。

同一种商业模式决定了阿里在业内拥有至高的权威，在酒店业价值传递领域的也只有携程一家。但是这一局面将会随着新的商业模式的颠覆性创新而被打破。酒店业的价值传递领域，出现的将会是“羊毛出在猪身上，让狗来买单”的颠覆性商业模式创新。

实体酒店的本质决定了产品及服务是核心要素，而且线下实体酒店的体验方式需要的是“酒店 + 互联网”。在移动互联网时代，能够将线下的产品和服务做到极致，进而满足消费者的各种需求是酒店经营成功与否的关键指标。

“互联网 +”时代，传统酒店业的应对策略

（1）用互联网利器改造酒店，创造用户价值

用户的价值主要体现在三个方面：个性价值、体验价值以及功能价值，如图 1–2 所示。能够将互联网的信息化、及时性、互动性用于酒店的产品以及服务中，将实现用户价值的大幅度提升。

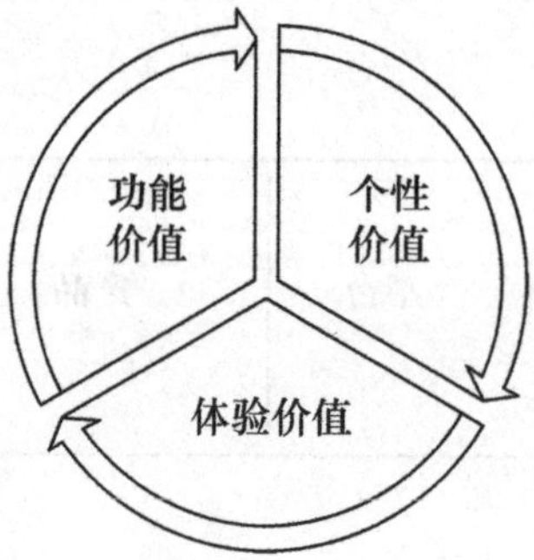

图 1-2　构成用户价值的 3 个方面

功能价值方面，酒店想要占据优势就要在性价比上下工夫，性价比的核心支撑点又是成本优势。因此，酒店的运营中将成本压缩到极致将会拥有足够的话语权。

这种行业局面下，仅靠成本及性价比取胜几乎很难实现。应该从个性价值及体验价值上入手，个性价值能够为酒店带来用户黏性，体验价值则给予酒店定价权。

移动互联网技术在酒店行业的应用过程中，做好产品及服务的信息化以及实现与用户的即时互动之余，酒店的管理者更应该思考的是如何打造富有个性的用户体验。

要做到这点，需要酒店管理者从以下两个方面入手。

★**个性化**。传统的酒店业除了在酒店星级方面具有区分度以外，没有明显的个性特征。互联网时代酒店经营者要在产品及服务上进行创新发展，形成多元化以及差异化的产品及服务，消除过往"单品海量"的弊端，走出一条精耕细作、个性鲜明的发展之路。

★**年轻化**。新时期，消费结构朝着年轻化的发展趋势在不断地迈进。大数据分析以及云计算技术可以让酒店经营者对用户的需求行为以及兴趣偏好进行科学的预测，为用户提供高质量的体验。历史的发展不断向我们证明：年轻人的亚文化最终将成为主流文化。

+-

明宇酒店股份有限公司在酒店开发过程中成长出一批成熟而又年轻化的"80后"，成为项目的领军人物，并且酒店于 2015 年 4 月 17 日推出全新产品系列——LIA！（丽雅）。该产品是基于互联网技术全力打造的 O2O 社区，拓宽了酒店产品的广度，采用年轻化的设计风格、运营理念以及管理方式。

+-

（2）选择高效工具，提高酒店价值传递效率

移动互联网的浪潮之下，用户对于酒店的产品及服务的消费行为发生巨大的改变。通过业内公布的数据来看，2014 年国内去欧洲旅游的消费者中有 53% 的客户通过在线订购的方式购买酒店的产品以及服务。

一些酒店管理人员对于这一发展趋势还没有清醒的认识，比如有些酒店的管理人员将某款产品直接大幅度降价放到网上让消费者团购，认为团购不过是消费者贪图便宜。

其实隐藏在团购背后的是用户消费习惯的巨大改变，仅以传统的思维方式从价格角度去看待团购行为是很危险的，市场充分地证明了价格是一把双刃剑。

价值的传递过程，往往通过“信息流＋资金流＋物流”的流转而实现，但是酒店的主要产品是不可移动的。因此，资金流与信息流，尤其是信息流值得酒店从业者花费大量的精力去精耕细作。

酒店的从业者应该避免陷入在酒店的互联网化过程中向互联网公司偏离的误区，事实上价值传递的传播与交易环节才是从业人员应该关注的重点。

传播过程中，酒店营销的品牌传播与推广要围绕着社交媒体展开。移动互联网时代，用户时间的争夺是竞争的重点，社交媒体聚集了来自各地的海量用户。另外，微信、微博等社交平台可以让企业创建公众账号，向粉丝传播企业的价值与文化。

交易过程中酒店可以借助互联网工具提升效率，增进酒店与用户的情感。通过“直销＋半直销＋分销”的综合销售体系逐渐向“去中介化”直销模式转变，实现营销效率的全面提升。

+-

★**直销**。酒店的官方网站、开发App应用、会员体系、全员营销等；

★**半直销**。微信、微博等公众平台、天猫旗舰等；

★**分销**。国内的携程旅行网、艺龙旅行网等，国外的缤客、全球订房网、全球分销系统（GDS）等。

+-

分销一直以来是困扰酒店管理者的难题，首先酒店必须依靠它来获取用户，仅凭借酒店自身的力量，很难满足需求日渐多元化、地域日渐分散化的市场。一些大型的分销平台此时成为酒店的选择。

再者，分销又成为酒店的痛点，酒店在微薄的利润情况下还要向OTA（在线旅行社）分出一部分利润。2014年在武汉召开的国家旅游局座谈会公布的数据来看：酒店业整体亏损的情况下，2014年的前9个月中排名前三的OTA在酒店中获得了30多亿元的佣金。

酒店从业者常常会感觉到酒店就像被OTA绑架，酒店在拿自己的资源帮OTA做嫁衣。先不说这一观点正确与否，作为为用户创造价值的酒店经营者难道不应该反思自己为什么会被绑架吗？供大于求、产品单一同质化的行业面貌恐怕才是这一局面的罪魁祸首。

了解到了问题的症结所在就要下决心改变这一局面，酒店的规模要回归到理性，减少过剩，注重产品及服务的质量以及个性化建设。对于OTA来说，酒店应该是创造价值的合作伙伴，如果扮演用户价值创造者的酒店陷入困境，传递价值的OTA也必定蒙受损失。

如果OTA们还沉浸在收取高达十多个百分点的佣金中继续坐着赚钱的美梦，那么在不远的将来一定会被那些颠覆者所取代，移动互联网时代边际成本为零，产品及服务会朝着免费的趋势迈进，盈利的方式产生变革，最终创造出“羊毛出在猪身上，狗来买单”的商业模式。

（3）品质：互联网时代的品牌建设根基

互联网时代传统行业存在已久的信息不对等的问题得到巨大的改观，通过互联网的即时传播性使商家与用户可以实现无缝对接。互联网上高速流通着海量的信息，消费者拥有更多的知情权与话语权，朋友圈里的推荐可能会成为他们购物时的参考依据。

多年以前，我们选择餐馆时会看哪一家的人多、车多，这是典型的从原生态角度看待用户“流量”。后来，品牌成为选择的依据，人们面对令人眼花缭乱的各式各样的餐馆，更倾向于相信品牌。今天，人们拿出手机进行搜索，在大众点评上翻看用户评论等，品牌的影响力逐渐减弱。

移动互联网时代，连锁品牌酒店的建立比以往任何时候更有难度，面对着多方的竞争压力，酒店的产品以及服务才是酒店赖以生存的关键。**品质在移动互联网时代的地位得到升华，成为维系品牌的核心要素，缺乏品质支撑的品牌在互联网这个用户评论构筑的社会化网络之中必将会被淘汰。**

（4）如何处理速度与质量的问题

移动互联网时代“跨界”与“转型”成为两大热点。对于酒店，首先要搞清楚边界在哪里，而转型的过程是要实现轻资产运营，具体来说就是品牌的输出。

酒店业的品牌输出要协调好质量与速度之间的关系，特别是对于“贴牌”的品牌输出方式，必须保证品牌的扩张速度以及单个产品的质量得到统一。品牌的输出不是只建立在标准以及体系之上，更为重要的是要有一种文化价值理念的具体表达。

当然，这种文化价值理念的形成要靠长期的培养。品质如果出现问题，互联网上的负面评论可以在几分钟内让一家企业直接崩溃。互联网时代是一个拼效率、赶速度的时代，但是发展的速度与规模的扩张必须是在保障品质的前提之下，企业之间的差距表面上看到的是速度与规模的差距，而实质上却源于企业处理速度与品质的综合实力。

酒店 3.0：互联网思维模式下，传统酒店的创新生存法则

随着经济发展水平的提高，国内的旅游行业获得了快速的成长，而作为旅游行业的重要组成部分，酒店预订需求也在不断扩大，OTA 平台对酒店的预订量产生了重大的影响。

我在对 OTA 与酒店的关系调查和研究中发现，在酒店官网成功预订的客户中，有 62% 的客户是通过 OTA 网站。OTA 平台对于酒店的意义不言而喻，但与此同时，OTA 平台的火爆使得多数酒店对其依赖性逐渐增强，酒店不仅逐渐失去了独立发展的能力和勇气，同时在双方的利润分配方面也失去了话语权。

有很多人看到 OTA 是个市场，于是纷纷开始效仿携程等 OTA，但是由于没有自己创新的模式，作为一个后来者也就很难超越携程。而对于酒店而言，面对 OTA 们对其利润的压榨，很多酒店都纷纷试水自建直销系统，但是效果并不明显，而且成本也比较高，于是在万般无奈之下只有依然投靠 OTA。

在互联网思维模式下，酒店业应该怎样实现创新生存？下面我将从线下、线上两个方面进行具体分析，帮助酒店寻找新的出路，如图 1–3 所示。

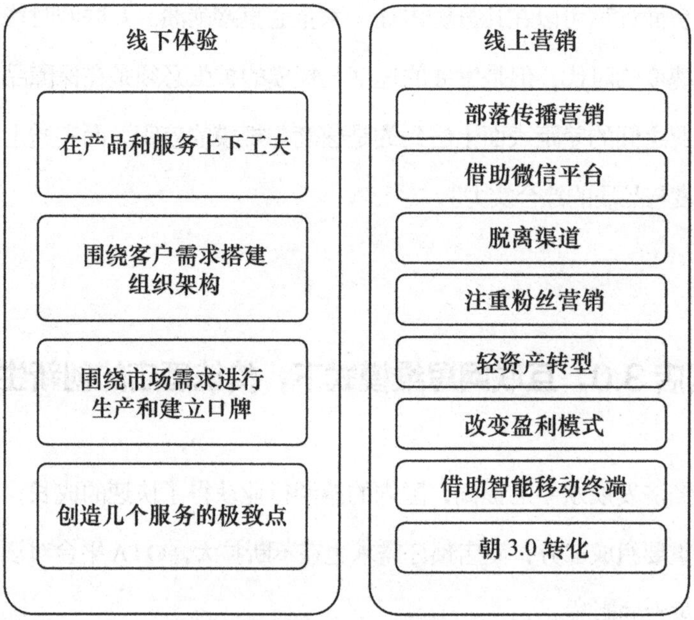

图 1-3　酒店业的创新生存法则

线下体验

（1）回归行业本质，在产品和服务上下工夫

在传统的思维模式下，不管是生产、销售，还是传播，都贴有“大规模”的标签，这也是在工业思维下的一种标准的思维模式。而互联网的发展将人们带入了一个新时代，人们的思维方式也应该完成从传统的思维到互联网思维、从 PC 互联网思维到移动互联网思维的转变。

经济的腾飞带来了文化以及人文素养的提升，酒店预订也不再是精英人物的专利，而是朝着平民化的方向逐渐普及，酒店的客户群体也获得了最大限度的扩张。互联网思维下的“创意酒店”成了酒店行业的一种主流趋势。

虽然从现在来看，标准化的酒店虽然能够满足客户基本的住宿需求，但随着人们对个性化的要求日益提升，人们在选择酒店的时候除了考虑能满足基本的住宿要求之外，还会更多地考虑酒店的建筑和装修特色、服务水平、员工的素养等各个方面。因此，**酒店应该从目标市场出发，走近客户，了解他们的需求和偏好，提供高度定制化的酒店服务，否则的话，就很可能造成客户的流失。**

（2）围绕客户需求搭建组织架构

在传统的金字塔式管理架构中，庞大、繁杂的组织架构大大降低了酒店的工作效率，因此在互联网思维模式下，酒店将简化组织管理结构，同时组织架构会更加向前倾，并通过建立强大的市场研究和产品研发能力，形成自己的竞争优势。

随着市场的日趋成熟，与任何其他行业一样，产品应该根据不同的消费者进行明确的定位和分界。比如，洲际酒店集团苏荣琛在担任CEO的第一年，对3万名国内消费者进行了一项调查，并绘制出了一幅细分市场的市场图谱。横轴对消费者的需求进行了划分，划分为家庭时间、休闲度假、商务旅行等，纵轴是区域交通发展和目的地，通过横轴和纵轴的因素结合，匹配了相应的品牌产品。

因此在新时代，酒店想要利用传统思维模式去经营酒店的话，已经不可能走在酒店行业的前列了，最多在一些竞争比较弱的地方混一口饭吃。

（3）回归到业态本质，围绕市场需求进行生产和建立品牌

国内酒店的产品为什么会经常受人诟病，其中有多方面的原因，其中一点就是"农民制造"的问题。最初的酒店模仿和学习的是欧美的标准化生产，这种生产方式虽然鲜有本地特色，但是起码产品的品质是能够得到保证的。

但是随着国内市场环境的影响，房产以及酒店行业出现了爆发式增长，在酒店大发展时期，出现了一大批"农民制造"的酒店，所谓的"农民制造"就是酒店经营者花重金请设计师来设计，但是却用低成本来建设，没有专业人员来监督产品品质和工艺，而是由工程人员想方设法降低成本，通过采用低廉的装修材料来控制和压缩成本，于是造就了一批外表光鲜亮丽，但是品质低劣的“建筑垃圾”。

（4）创造几个服务的极致点

所谓服务的极致点，就是为消费者提供能够超过他们预期的服务，让他们在享受满意服务的同时获得惊喜，从而增加客户对酒店品牌的黏性。采取积极的引导，鼓励消费者去分享自己的服务体验，为酒店吸引更多潜在客户。在明确了发展方向以及定位之后，就要将其做到极致，将思想转化为实实在在的服务。

线上营销

互联网的发展将客户都赶到了渠道上，而在互联网思维模式下的渠道营销却在倡导去渠道化。

（1）脱离渠道，部落传播营销

携程之所以能成为OTA中的领军人物，关键就在于做好了与客人的沟通。为什么至今没有任何一种新的渠道模式能够媲美携程，原因就在于携程已经在线上分享、预订以及支付等方面做到了最好，并逐渐将业务延伸到了线下，将酒店的前沿服务、后续服务以及旅游景区都连接到了平台上。

携程已经围绕线上渠道搭建了生态圈，而且在线上传播与分享方面也通过先进的互联网通信技术形成了自己的竞争优势。因此酒店如果不能做好资源整合，构建自己的生态系统，最终定将沦为渠道商的供应端。

也有一些专业的点评网站在分享方面做得很好，但是由于没有相对完善的线上体验生态系统，消费者在线上分享之后并不能体验到相关的服务。有很多酒店从中受到了触动，开始自建小型的生态圈，包括车队、商场、健身、餐饮等业务，这种线下体验也受到了客户的欢迎。然而从现在来看，线下体验却成了供应商的工作，酒店仅仅是线上渠道上的供应端。

因此酒店应该建立自己特色化的营销模式，比如在微信上的"圈子"分享模式，如果在分享之后能够直接进入到支付和预订环节，那么圈子的营销能力将为酒店带来庞大的客户，同时也将分食渠道的利润。

（2）在微信平台上与用户进行一对一沟通和互动

微信的出现给人们带来的最大变化就是提供了一种新的沟通方式，拉近了品牌与消费者之间的距离，让消费者可以更快地做出消费决策。

现在很多酒店在营销方面都脱离了营销的本质，营销的本质就是沟通，而酒店却将目光放在了渠道销售模式上，与消费者建立联系的是渠道商，建立信任体系的也是渠道商，这也就使得酒店与消费者之间的距离越来越远了。因此，**酒店要做好营销首要任务就是要与消费者建立直接的沟通。**

（3）互联网营销中没有渠道

要做好互联网营销，就是要脱离渠道，在微信平台上有比较清晰的用户定位，利用微信的社交属性以及准确的人群定位，可以实现更精准的产品营销。

微信时代，将用户群体划分成了一个个"部落"。所有人，不管是基层的服务人员，还是高层的学者，都可以找到自己所属的部落，而且这些部落都有自己明显的标签，怎样进入这些部落并获得他们的认可，将是未来酒店营销的关键。

（4）注重粉丝营销

粉丝的力量对酒店营销来说也具有重要的作用，通过他们的分享以及传播，树立酒店的品牌形象。但是怎样才能让粉丝主动去分享和推广呢，理解人性这一点最重要。可以利用微信的私密性特点，鼓励和引导用户在自己的个人圈子里进行分享。

（5）酒店行业逐渐变成一个“轻盈”的行业

洲际酒店集团、美国希尔顿等大型的酒店已经不再将投资的重点放在地产领域，而是转战为酒店提供托管、授权以及出租等服务领域。洲际酒店集团是最早迈出这一步的，其旗下有4600多家酒店，其中只有不到10家酒店是直接持有物业的。

过去很多酒店行业的投资者始终认为，酒店的星级仅代表着房价，星级越高，房价越高，于是很多酒店开始不断提升星级标准。但是从国内市场上来看，很多三星级酒店，虽然星级不高，但是设施却非常完善，餐厅、会议室、商务中心、商场、卡拉OK等场所都一应俱全，其标配与高星级的酒店相比基本没有差别。

但是这些酒店的配套设施初期投入比较大，而且后期的维护成本也比较高。而且三星级酒店的平均入住率比较低，大部分的设施都处于闲置状态，不仅不会为酒店带来增值收入，而且还要损耗维护成本，对酒店来说反而成了累赘。

（6）从根本上改变酒店的盈利模式

未来，酒店经营与资产所有必定会发生分离，比如在10年前，城市的房价大约在5000多元/平方米，而酒店的一间客房，如果按照50平方米来算的话，也就是不到30万元，而一间客房如果设定在600元/夜的话，那么酒店是可以有利润的。

而今随着房价的上涨，如果酒店依然维持原来的一间客房600元/夜的话，就很难实现盈利了，而且酒店经营的能耗、材料以及用工成本都在逐年攀升，这样来算的话，建酒店根本没有多少利润可言，但仍有很多人趋之如鹜，主要原因就在于高星级酒店已经成为房地产开发商开发的筹码，这也使得酒店逐渐脱离了行业本质。

作为高星级的酒店，首先要在社会运营方面找到盈利模式，但是从现在来看，高星级的酒店根本没有找到盈利模式，而且也没有找到适合自己发展的商业模式。未来酒店行业一定会出现一个新的拐点，而这也将推动酒店行业进入一个新的发展阶段。

让酒店实现盈利，可以从两个角度上来考虑。

+-

★高星级酒店应该回归豪华的定位，通过联合豪华品牌，将其打造成为一种“豪华生活”的拥趸的聚集地。

★利用平台模式来经营酒店，整合餐厅供应商、娱乐供应商、客房供应商、咖啡厅供应商的资源，打造酒店生活圈，从而为客户提供一种集娱乐、休闲、休息于一体的酒店体验。

+-

（7）智能移动终端为人们提供了一种新的生活方式

移动互联网的发展以及移动智能端的不断普及，让越来越多的网民开始从PC端转移到移动端，人们可以使用手机等移动智能终端来完成购物消费。而且这种时时在线的互动和沟通方式为我们带来了一种全新的生活方式，进而对整个商业模式带来了颠覆性的影响。4G网络的到来为人们的联网带来了实实在在的便利，让人们可以随时随地上网及下载。

在手机逐渐占据主导的互联网时代，酒店的产品体验也应该不断升级，从现在的线上共享到拥有更丰富体验的视觉共享。视觉设计以及营销应该受到各酒店的重视。纸媒、平面、原有的网站也将面临新一轮的变革。

（8）酒店将朝着“3.0”演化

原来酒店功能模式是按照“工作圈”来进行设计的，套房与标准房分别对应的是领导者与被领导者。但是随着消费模式社会化趋势，“工作圈”的设计标准已经不能适用实际的需求了，于是“生活圈”逐渐成为一种标准，这样一来产品与功能的定位势必也会发生改变。酒店的商业模式也要发生颠覆性的变革，如果酒店没有互联网思维，酒店将很难渡过变革期，提升到一个新的发展高度。

酒店“1.0”时代，是招待所模式，“2.0”时代则是星级酒店模式，而“3.0”时代，就是将酒店建在商场里，构建商业中心酒店模式，让客户在逛街的时候就预订好房间；将酒店开到文化街区，让客户通过手机就可以预订房间，并通过手机导航找到酒店，如图 1-4 所示。

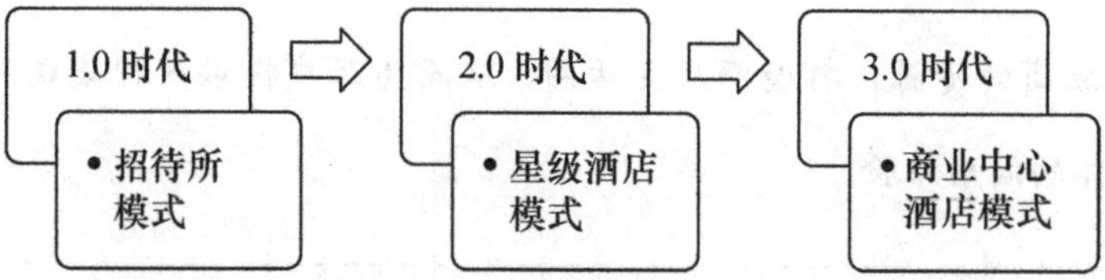

图 1-4　酒店模式的进化

同时，打造具有当地特色、融入当地风土人情的酒店也是未来酒店的一个重要着力点，这种文化上的差异可以在视觉营销中成为焦点，通过打“文化牌”，获得消费者的认可，从而树立酒店的品牌形象。

酒店 OTA：大数据战略下，酒店业的渠道转型与营销变革

2014 年，OTA 价格战越演越烈，让酒店方不知何去何从，最后，酒店发现自己的客源结构和利润空间都发生了前所未有的改变，主要包括两点：一是原来的直销客户最后变成了 OTA 客户；二是分销渠道的利润空间变得越来越小。此时，酒店才幡然醒悟：和 OTA 保持距离是对自己有利的选择。

艾瑞咨询发布《2014 年中国在线旅游行业年度监测报告》称，酒店价格竞争激烈，不断升级，为中小代理商带来很大压力。现在 OTA 酒店市场出现寡头竞争的局面，这一格局的形成，意味着价格战的基本结束，而 OTA 酒店市场面临的下一个挑战是大数据战略。

大数据战略下的酒店 OTA 模式

现在，OTA 激烈的价格战争霸的 1.0 时代已经一去不复返，随之而来的是以大数据为代表的 2.0 时代之战。面对 OTA 的这般转变，各酒店是想“独善其身”，还是“兼济天下”？酒店在未来如何稳步前进，以下是几条可供参考的建议，如图 1–5 所示。

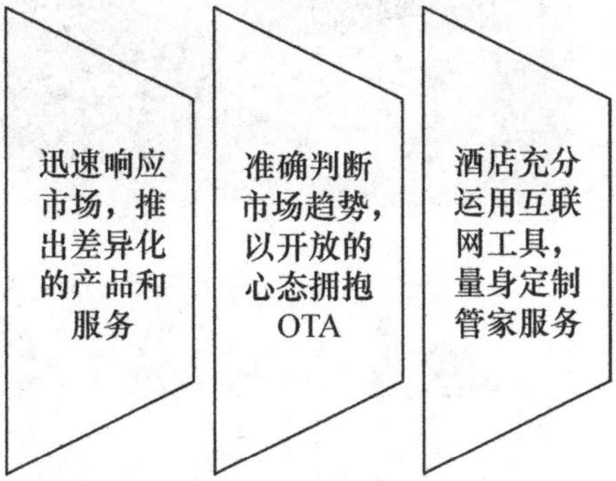

图 1-5　大数据战略下的酒店 OTA 模式

（1）迅速响应市场，推出差异化的产品和服务

★精准定位，锁定酒店消费群体

未来的酒店市场越来越重视细节化、品味化，因为随着生活质量的提高，消费者更注重能够满足自己品味与爱好的服务产品。基于此，酒店要从各个角度——客户的消费习惯、酒店的地理位置、未来的市场趋势等来定位酒店自身的产品与服务特色。

+-

在这一方面做得比较突出的就属住友酒店集团旗下的布丁酒店。布丁酒店（图 1-6）将市场定位在了“85 后”的年轻消费群体，这一类消费群体都 20 多岁，参加工作不久或者刚刚毕业，甚至还是学生，他们追求个性与时尚，喜欢尝试且充满理性。布丁酒店将目标定位在这一类年轻人身上，为他们量身定做各种个性化产品。

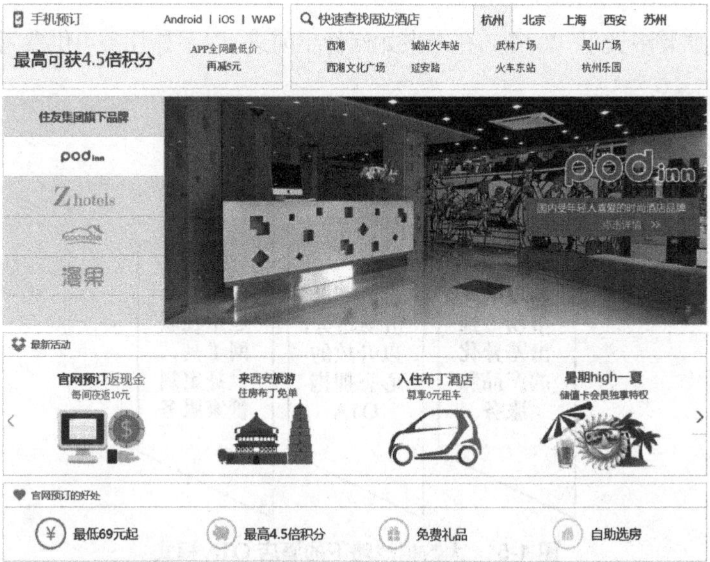

图片来源：布丁酒店网页截图

图 1-6　布丁酒店

像酒店的名称、房间的色彩、房内的设备与设计，这些都是酒店倾心打造的对象。外表炫酷吸引人的眼球，店内简洁精装让人感觉干净舒适，这种酒店自然赢得消费者的喜爱。

布丁酒店一经推广，便受到广大年轻消费者的喜欢，甚至有了自己的粉丝，在短短几年内就树立了自己良好的品牌形象，在酒店业脱颖而出。2014年，当如家、七天、汉庭、锦江之星等酒店的RevPAR连续下滑趋势的时候，布丁酒店的收益却持续不断地上升。

+-

★打造特色服务，植入品牌印象

随着消费水平的不断提高，消费者对生活质量和生活品位的要求也越来越高，这就要求酒店要有针对性地为消费者打造特色服务，满足不同消费者的个性化需求。当然不是处处都要做得很有特色，酒店要先发觉消费者的核心需求，然后针对核心需求打造特色服务。

+-

维也纳酒店在这方面做得就很好，该酒店针对国人睡眠质量不高、缺乏深度睡眠这一严重问题，专门为消费者建立了一套生态系统。维也纳酒店CEO黄德满说："这套生态系统不仅在基础的寝具和床品上为消费者精心打造，同时，还考虑到室内的光线、温度、声音，甚至是消费者睡前的饮食建议等，从多方面为消费者考虑，为让消费者有个好的睡眠质量而倾心打造。"如图1-7所示。

维也纳对此项服务有很高的要求标准，它从人的五感——视觉、听觉、嗅觉、触觉、味觉出发，设定研发导向，高薪聘请床垫设计师，并与中国睡眠协会、音乐大师和中国营养协会等世界级的助眠专家共同进行商讨、研发，努力打造令消费者满意的睡眠产品服务——"五感睡眠空间"，立志树立全球第一助眠品牌。

现在，维也纳不仅致力于睡眠产品服务，也开发了很多有效的睡眠产品，这些产品也深受消费者的喜欢。如今，维也纳已经成为广大消费者公认的"睡眠专家"，而这一称号也算是实至名归。

图片来源：维也纳酒店网页截图

图 1-7 维也纳酒店

（2）准确判断市场趋势，以开放的心态拥抱 OTA

艾瑞咨询发布的《2014 年中国在线旅游行业年度监测报告》显示，2014 年，OTA 酒店在线预订市场交易规模达 590.8 亿元，与 2013 年相比，同比增长率为 21.7%。估计到 2017 年，OTA 酒店的在线预订市场交易规模将达到 1000 亿元。

因此，OTA 渠道成为酒店营销的重要渠道，酒店的价格在 OTA 的影响下也变得更加透明化。其实，无论是团体还是个人，在预订酒店时都希望价格透明化。同时，酒店对于直销渠道与分销渠道的价格与产品，要进行合理分配，努力强化酒店的服务品质，提升酒店的收益与效率。

未来 OTA 上的酒店价格将更加透明化。其实，OTA 之间的价格竞争最终会导致酒店的利益受损。只有把 OTA 与酒店的竞争、合作关系平衡好，才能合理调配线下的酒店资源。OTA 显然已经意识到这点，所以，在未来，OTA 在把 C 端客户服务好的同时，也要将 B 端客户服务好，以此形成良性的运转体系，提升客户的体验价值。

OTA 要想实现这一目标，大数据资源共享是最重要的一个突破口。然而，要实现真正意义上的大数据，酒店行业需要打通各个环节，这并非易事，酒店方还是会顾虑到数据的隐私问题，为了保护自身的利益，设有技术接口壁垒。要想将各数据通道连接，还需要强大的技术支撑以及双方的合作。

我们从 OTA 与酒店的良性竞争，以及不断提升的客户体验满意度这两个角度来看，酒店的 O2O 之路，大数据资源共享是迟早要实现的。

（3）酒店充分运用互联网工具，量身定制管家服务

酒店可以借助 OTA 等各类平台，以自身的独特资源为基础，扩大服务范围，为消费者提供更全面的服务。

+-

客人 A 是一位工作比较繁忙的商旅客人，每次出差时间都安排得很紧，他在网上预订好的酒店有接机服务，他一出机场时就会有车接他前往酒店，因为酒店早已安排好司机师傅在机场守候，之后，再根据客人 A 的需求，安排接下来的服务计划。这样，客户可以将不重要的琐事交给酒店来打理，然后把自己的时间与精力放在重要的事情上。

客人 B 是一位来此地观光赏景的游客，所以对当地人生地不熟，酒店在了解了消费者的喜好与需求之后，可以为他推荐旅游路线与当地特色小吃，制订交通路线，安排导游服务等。这样客人在一个陌生的环境里就不会感到那么迷茫与无助，酒店所提供的这一系列服务，得到了消费者极大的好评。

+-

互联网时代的到来，对于酒店行业既充满了机遇又充满了挑战。现在国内酒店产业很多，而且千篇一律。酒店通过提高产品和服务的质量来建立品牌影响力，通过互联网扩大服务范围，并与客户实时保持联系，及时了解客户需求，为客户提供个性化服务。

酒店 OTA 模式的营销战略

客户可以通过 OTA 销售渠道，根据自己的需求，选择自己喜欢的酒店居住，而这些酒店在网站的页面安排上，是由分销商来决定的。所以，对于各个酒店来说，占据页面上的有利位置，对于获取更多的客户预订机会很关键。

酒店除了要通过炫酷的图片和低廉的价格来吸引消费者之外，还要有实力、有自信确定自己在最初就能得到目标消费者的认可与信赖。

事实上，酒店通过 OTA 或 GDS 等销售渠道向消费者营销是一种明智的选择，这些销售渠道可以帮助酒店面向更广大的客户，获得更多的预订量，但是，要想真正让客户完成酒店的预订，必须做好营销计划，价格透明，清晰定位。

（1）**酒店必须抓住时机向消费者展示自己的产品。**在营销领域，消费者的需求随时都有可能发生变化，“时机”就意味着，消费者在搜索当地酒店的时候，酒店要及时切入到预订流程中，这样，酒店就可以在第一时间为客户提供相关信息，增加客户的预订机会。

（2）**酒店在对预算以及结果方面应该实行更加透明化的管理，CPC 竞价模式是最佳的选择方法。**通过这一模式可以更加合理地设定最高竞价价格和预算，并对分销营销活动的效果做出更加准确的分析。

（3）**特定的需求日期需要制定特定的策略与之对应。**比如在 7 月，酒店的客房已经售空，那就没有必要把资源再投入到 7 月的入住客房上，而是想想怎么合理利用这些资源，争取在下个月也将客房售空。如果可以将营销活动控制在有库存的日期内，那自然就会得到较高的投资回报率。

+-

这一场景在现实生活中已经得到实现。在过去的几年，一些大型的 OTA 又新增了一些营销手法，这些营销手法可以让酒店通过 CPC 模式，在页面的搜索结果中拥有较高的排名。很多酒店对此也很支持，JHM 酒店集团的 Lee Byrd 曾对 OTA 做出这样的评价：“OTA 从酒店的角度出发，为酒店提供更好的方案。”

当酒店有空余客房需要向外售出时，它们可以保证让酒店在搜索页面的排名中尽量靠前，而且只有在酒店的链接被消费者点开时，酒店才需要向 OTA 付费，这种付费方式对酒店很有效，因为酒店觉得每一次付费都代表有消费者在关注自己，不会为向销售渠道多付费用而徒增烦恼。同时，酒店还可以把这些资金投入到其他能够利于客房销售的渠道，而 OTA 恰好是酒店销售渠道的一个不错的选择。

酒店经营者在决定是否会继续使用这一渠道时，通常会先进行尝试，然后对结果进行分析、检讨，最终再做出决定，这对于酒店经营者是有百利而无一害。

+-

总之，酒店首先要做的就是要设定投资回报率这一目标，然后为了这一目标不断前进，万万不能满足于现在的分销渠道所带来的效益，酒店需要更加精明地分配营销预算，不断提升酒店客房的预订量，最终达到自己设定的目标。

酒店在线预订：如何根据自身特性，选择在线销售渠道

随着互联网的快速发展，酒店业普遍开启了在线渠道销售模式，方便、快捷的在线下单已经成为人们预订酒店的首选方式。如今，各种各样的销售渠道呈现在我们眼前，比如大型 OTA（携程、艺龙等）、连锁酒店自己搭建的在线直销平台、手机上的各种酒店预订类应用。

面对各种各样的在线销售渠道，酒店应根据自身的特点，选择适合自己的渠道。网罗各种渠道，从而获得全部客户，这不是酒店的最佳选择。酒店应对自身合理规划，选择最适合自己的某种或某些特定渠道获得精准客户。

当然，酒店在利用互联网进行在线销售的同时，也可以为消费者提供在线服务，及时回答消费者的各种疑问，采纳他们的建议，满足他们的要求，从而提升消费者的入住体验，获得口碑，吸引更多的客户。

大平台不可缺失

在一定程度上，更多的销售渠道对酒店来说意味着更多的客户，尤其是当今最大的预订平台，酒店更是要牢牢抓住。这就好比 Facebook 在社交游戏中的重要性，以及 iOS 和 Android 在移动游戏中的重要性。

劲旅咨询的数据显示，2013 年，国内酒店通过在线渠道获得的市场交易额达 614.6 亿元，其中，携程旅行网所获取的交易额约占在线销售总交易额的 28.7%，在 OTA 中排名第一，而艺龙旅行网约占 14.1%，排名第二，如图 1-8 所示。因此，这两个平台成为国内酒店的必选平台。

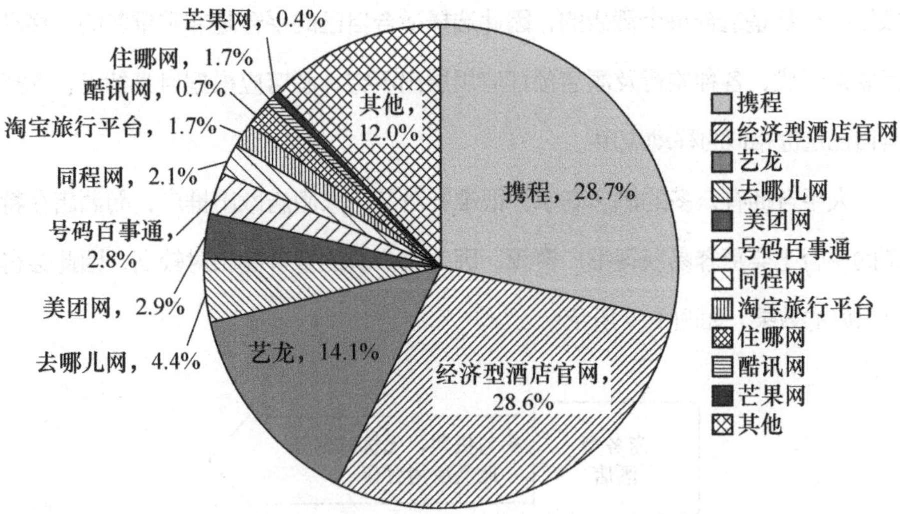

图片来源：新浪财经

图 1-8　2013 年中国在线酒店市场交易规模占比

携程和艺龙这样的主流平台拥有大量的客户资源，大型的连锁酒店可以通过与这些平台进行合作，提升自己的销量。由于大型酒店数量繁多，中小型酒店在接入平台之后竞争力不强，所获得客户基本上都是一些长尾客户。

一些中小型酒店在开发在线平台方面没有足够的能力，所以，只能依赖大平台完成在线渠道销售，同时，大平台往往会得到更多消费者的青睐，无疑这也增添了消费者对中小型酒店的信任。

事实上，尽管一些酒店自己成立了在线直销渠道，但还是接入了携程和艺龙这两大平台，因为更多的平台意味着更多的客源入口，而且很多酒店在不同的销售渠道会显示不同的价格。

个性化：商务 + 机票，经济 + 地理位置，休闲 + 游记

如果说大型的在线预订平台是酒店的必然选择，但并不是每个大型的在线

预订平台都是适合每个酒店的，因此选择适合自己的平台是非常重要的。移动互联网时代，各种旅行及酒店预订应用层出不穷，酒店应根据自身特点，选择与自己定位相似的移动应用。

大平台拥有众多的酒店商家，很难针对某一家酒店做出推广，而酒店在特定的平台上会更容易获得推广资源，因为用户群的重合度相对较高，因此会得到很好的效果，如图 1-9 所示。

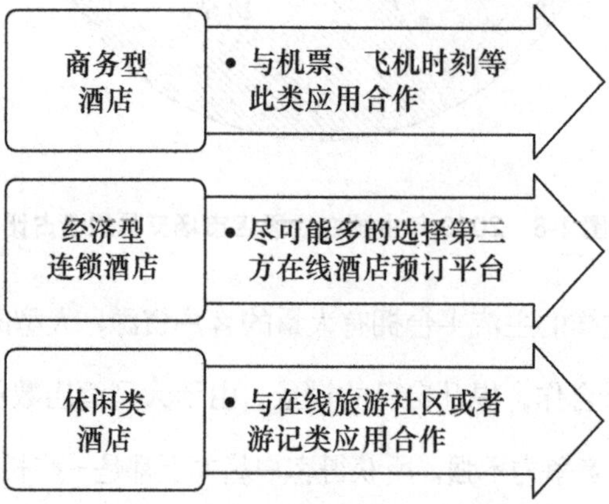

图 1-9 不同类型酒店的平台选择策略

（1）商务型酒店

商务型酒店就应该与机票、飞机时刻等应用合作，因为这些应用的用户与商务型酒店的目标客户几乎一致。商务酒店在向客户提供信息时，应着重推出酒店的一些商务功能，比如会议室等，让客户了解自己酒店的特色功能，以此来吸引客户。

商务类型酒店的客户通常会事先安排好自己的住宿，因此这类酒店要通过互联网尽早地将自己的产品推向客户用户端，让客户更加及时、快捷地了解自己酒店的特色。此外，这类客户往往不太在意酒店的价格，因此，这类酒店和一些主打低价的酒店预订类应用进行合作不是一个明智的选择。

（2）经济型连锁酒店

经济型连锁酒店具有数量多、服务标准化、用户群广的特点，在选择预订平台时可以尽可能多地选择第三方在线酒店预订平台。同时，酒店拥有多个销售渠道时，要避免自己的酒店房间在同一时段被不同人预订这一情况的发生。实际上，很多酒店预订类应用面向的正是这类酒店，如快酒店达人、捷酒店管家、今夜酒店特价等。

这类酒店的目标客户往往都是临时决定要住宿，才预订酒店，因此酒店的地理位置就显得十分重要，酒店在选择合作伙伴时也会着重考虑是否符合客户的需求。

而且，这类酒店的目标客户比较在意住宿价格，所以，酒店在与在线酒店预订平台进行合作时，会根据平台的支持程度以及所提供的客户量，给予不同的价位。此外，这类酒店一般都拥有自己的在线直销平台，如如家、7天连锁酒店等，在价格上可以有所差别。

（3）休闲类酒店

显然，休闲类酒店与在线旅游社区或者游记类应用进行合作是最佳的选择，当然国内也有专门针对旅客度假休闲的酒店预订应用，如布拉旅行。因为旅客旅行的目的就是休闲度假，所以在酒店价格这一方面不会很在意，但对酒店的环境、舒适度、客户评价会很在意，所以，酒店要根据用户的这一需求合理选择在线预订平台。

因为游客主要以游玩为目的，所以酒店可以与周边游应用进行合作，比如周末去哪儿。这样一方面可以扩展销售渠道，另一方面可以为客户提供更多的优质服务。

另外，酒店的另一个销售渠道——团购已经成为人们经常使用的一种酒店预订渠道。尤其是对中小型酒店来说，很是适合。当然，在和团购网站进行合作的时候，酒店要合理定价，把控好入住人数，避免重复预订的现象。

拥抱移动互联网：让用户成为粉丝

在线渠道在用户预订酒店的过程中发挥着越来越重要的作用，但是，互联网和移动互联网不仅仅作为一种销售渠道，它还是酒店和客户进行及时交流沟通的平台。用户预订酒店、入住店内到离店这一整个过程，都可以通过移动互联网得到很好的体验。

酒店要在客户预订之前做好营销工作，通过营销获得客户流量。目前，最重要的两条营销渠道就是微博和微信，特别是微信。客人预订酒店本来就是一件相对私密的事情，因为身处一个陌生的环境，客户的人身和财产安全保障性比较低，而之前曾发生过的酒店订房记录泄露就让很多人人心惶惶，而微信为酒店和客户之间的交流提供了一个私密的交流环境，所以，酒店都应该拥有自己的微信服务号，以方便与用户之间的交流。

酒店在进行微信营销的过程中，可以通过个性化服务满足客户的需求。比如酒店通过对客户的调查，或者鼓励客户提出建议等方式来了解客户的出行习惯、用餐习惯等，从而为客户提供更好的服务，让客户产生深刻印象，当客户再次预订酒店时，就会很容易想到这家酒店。

其实，在预订酒店时，酒店已经对客户有了一些基本的了解，比如姓名、性别、手机号，甚至还可以在社交网络上看到其他相关信息。如果酒店与客户之前在微信上有过交流，可能会了解更多的客户需求。通过获得的客户信息，酒店可以在客户入住酒店时更好地为其办理手续与提供服务。

现在，一些酒店已经实现了用户在线预订后可以直接前来入住。用户到达酒店时，只需通过手机上获取的信息进行简单的验证，而不需要在前台登记，这样简单快捷的预订酒店方式让用户切实感受到移动互联网所带来的便利。

过去，客户的离开就意味着营销的结束，但是移动互联网的出现，让酒店和客户之间可以持续保持沟通，利用社交网络收集客户的意见，进行二次营销。此外，社交网络的分享功能，对酒店口碑的传播也起着积极促进的作用，酒店可以向那些积极分享入住酒店体验的客户提供优惠或减免房费，从而促进客户对酒店的积极传播。这样，**客户的离开其实相当于下一轮营销的开始。**

东呈酒店："互联网 +"时代下，打造"云酒店"服务模式

2015 年，李克强总理在政府工作报告中提出"互联网 +"计划，随后各大领域纷纷开始变革，传统的酒店行业也开始创新，在管理中运用互联网思维。

2015 年 4 月 9 日，东呈酒店与微信支付合作，在广州推出了"云酒店"，打造"互联网 +"时代下全新的酒店服务模式，依托移动互联网、云计算等高新技术，使手机作为消费者进入酒店的入口，体验便捷、智慧、优质的服务。

"互联网 +"催生行业创新变革

自 2014 年，各大酒店就纷纷进行变革转型，采用"互联网 + 酒店"的经营管理模式。2014 年，街町推出微信开房门的营销热点，为消费者提供 O2O 酒店服务；铂涛提出打造 IU 互联网酒店；我国香港尚客优则新增了本地化生活服务

营销平台；华住借助移动互联网的优势，为消费者提供集酒店和旅行消费于一体的移动服务平台。

我国的酒店行业随着互联网的发展而不断发展，在PC互联网时代兴起，而在移动互联网时代进行变革和转型。

在PC互联网时代，我国的酒店行业还无法实现线上线下同步提供服务。消费者想要预订客房，需要通过PC端的网站进行查询，或者拨打酒店的电话，消费者的体验受地点的限制较大；而在移动互联网时代，酒店可以为消费者提供优质的服务，满足他们的需求。

移动支付、大数据、二维码、O2O、LBS等高新技术的发展，为我国酒店的经营管理提供了技术条件，酒店可以通过互联网管理客户关系：一方面，酒店内部可以高效传输信息，实现信息的共享；另一方面，消费者也可以不受时间、地域的限制，随时随地进行网上订房，节省了大量时间。

东呈“云酒店”：“轻”“连”“聚”

酒店的营销管理以满足消费者的需求为准则，让消费者体验到优质的服务，是酒店未来的发展方向。

东呈集团的“云酒店”以“轻”“连”“聚”为特色。“轻”指的是轻入口，东呈与大的互联网平台合作，消费者在网上预订客房时，可以体验到便捷、舒适的服务。消费者可以通过微信公众号、微信连Wi-Fi、微信卡包、支付宝服务窗、手机官网和百度直达号等多种渠道，搜索查询酒店，进行网上预订，具有下载时间短、节省流量、容量小、保存时间久等优点。“云酒店”的理念更适合手机用户的上网习惯。

所谓“轻”，指的是去中心化的服务，为消费者提供快捷的体验服务。目前，东呈已实现信息化的管理方式，将微信公众号与整个酒店的 IT 网络以及重要的职位相连。消费者通过微信发出指令，如"晚点退房""打扫房间"等，即使消费者不在酒店，也可以实现远程遥控，云端会根据消费者的指令进行运算，分析订单状态，然后将信息发送给相应的服务人员，做出回应。东呈"云酒店"的这种经营模式，简化了消费者预订、退房等的中间流程，提高了效率。

"连"与"轻"紧密相连，在为消费者提供高效、快捷的服务基础上，东呈充分发挥自身和 BAT 平台的优势，将大数据存储、大数据挖掘分析向大数据预测层面转型，从而提高为消费者服务的水平。

+−

★**构建东呈"私有云"**。将内部 BI、CRM、PMS、客人在线评论等数据相连，构建"私有云"。

★**形成"扩展云"**。东呈与腾讯、阿里合作，借助他们的数据平台，连接外部的大数据平台，如百度大脑、百度预测等，将所有的"公有云"数据聚集起来，再在酒店内部利用微信服务号将整个酒店 IT 系统，如会员、总部、IT 系统、分店员工、供应商等连接起来，形成"扩展云"。

+−

在"私有云""公有云""扩展云"三云的基础上，东呈构建了"智慧大脑"。消费者只要通过移动客户端消费，"私有云""公有云""扩展云"三云都会有消费者的消费记录，而移动平台根据这些记录，再结合大数据就能够形成会员画像、会员多标签化，挖掘出消费者的潜在需求，为他们提供优质的服务，实现精准营销。

东呈的"智慧大脑"实质上是为消费者提供了更多的产品和服务，它将更多的商家、品牌和消费者联系在一起，为消费者提供满意的服务。

从东呈“云酒店”的特点中，我们可以看出未来酒店的发展趋势：借助高新技术以及大数据平台，为消费者提供多样化的选择和服务。云酒店通过获取消费者的消费记录，分析消费者的潜在需求，以此拓展服务范围。而消费者可以通过扫描二维码或者酒店的微信 Wi-Fi 信号进入酒店网站主页并参加酒店举办的优惠互动成为会员。

消费者流量的激增，除了酒店自身的营销之外，老会员的自主传播也发挥了重要作用。老会员通过网上的各种渠道、朋友圈互赠、分享微信卡包、优惠券等渠道带动新消费者，参加酒店的各种活动，成为会员。而东呈也为会员提供了交流沟通的平台，如创建微信公众号、订阅号等，满足会员的多样化需求。

微信对线下领域的再次突破：东呈“云酒店”的移动前台

2014 年 11 月，东呈与微信支付联手，推出了酒店“微服务”，东呈也成为首家微信卡包落地的连锁酒店集团。

经过半年的时间发展，东呈已发展成为集预留房、秒退房、晚退房、微续住、呼叫清洁阿姨和维修大叔六大服务于一体的酒店，消费者只需在微信公众号里输入关键字就可以发出指令，云端分析用户发出的信息，然后在发送给相应的服务人员。

2015 年年初，东呈成功实施微信连 Wi-Fi，消费者只要在酒店内或者附近就可以搜索到 Wi-Fi，自动进入东呈酒店的网站主页，无需向工作人员询问密码。入住东呈的消费者不仅可以实现快速上网，同时还可以享受东呈酒店提供的“微服务”以及其他的优惠活动，如 360 度全景看房、选房，扫码购物、扫描点评等O2O体验。

东呈利用微信连Wi-Fi服务，打造了以消费者需求为中心的移动互联网平台，形成了全新的营销模式和服务方式，为消费者提供线上线下同步的优质体验。

东呈酒店以移动互联网客户端为"移动前台"，消费者可以通过手机及时地反馈自己的需求，便可得到相应的服务。这种全新的客户管理模式打破了时间、地域的限制，消费者可以随时随地上网，与酒店进行交流沟通，享受优质的服务。

升级后的"东呈会"，开拓"云酒店"更大的天空

消费者对"云酒店"的接受和认可是决定"云酒店"的关键因素。消费者通过移动客户端进行消费、点评等活动，为酒店提供了多样化的数据，酒店通过与消费者之间的交流沟通，累计大量的"云酒店"数据，从而不断优化升级，为消费者提供优质的服务。

随着东呈酒店开启多品牌战略，品牌单一的便捷会员俱乐部也将向多品牌权益的"东呈会"转型，所有的会员都将成为东呈会的会员，享受城市便捷、怡程、宜尚等会员服务。

虽然东呈从"云酒店"发展到"东呈会"，但其本质依旧是以满足消费者的需求为准则，为消费者提供多元化的服务。通过东呈会，消费者可以及时向酒店反馈需求，并得到回应。东呈酒店依托"云酒店"可以获取消费者的信息，经过分析，挖掘消费者的潜在需求，从而为消费者提供个性化、定制化的服务。同时，东呈针对消费者的反馈，及时地调整自身，进行优化升级，甚至会邀请消费者参与制定相关的会员制度。

“云酒店”为我国酒店业的发展提供了方向，而“东呈会”则从实践上汇聚了会员，为酒店与会员的交流、沟通提供了平台。在中档酒店纷纷兴起之际，东呈酒店以独特的经营方式和管理理念，与互联网融合在一起，成为移动互联网时代酒店业的典型代表。同时，也意味着，酒店行业在商业模式上的自我颠覆——模糊服务边际、定位体验平台……

未来，随着移动客户端的功能升级以及用户消费习惯的改变，“移动互联网＋酒店”的经营模式将有无限的发展空间。

Part 2

酒店 O2O：

传统酒店如何借“互联网 +”实现 O2O 转型

酒店 O2O：3 大模式 +8 大案例，揭秘酒店 O2O 的商业逻辑

随着移动互联网的蓬勃发展，酒店基于 LBS 的即时服务和住中服务已经得到实现，而且迎来了真正意义上的酒店 O2O 时代。那么，酒店行业如何在 O2O 时代下变得更加强大呢?

我们从酒店 O2O 营销、酒店 O2O 延伸、酒店 O2O 融合这三个方面，对 8 家酒店 O2O 的经典案例做出分析，以供大家借鉴。

酒店 O2O 营销：巧用互联网，抓住年轻用户

（1）布丁酒店：定制产品，经营用户

住友酒店管理旗下的“布丁”这一经济型酒店品牌，将目标群体锁定为“千禧一代”（即 1985—1995 年出生的人群），这一群体是在互联网经济迅速发展的时代下成长起来的，他们富有个性与活力，清楚自己的需求，布丁酒店就是针对这类人群的消费特点，精心打造简约而时尚的客房，最终受到千

禧一代的青睐。

现在，所有的布丁酒店都实现了免费高速 Wi-Fi 全覆盖，使用 NFC 技术自助 Check-in，与淘宝旅行社合作，与微信合作并利用微信提供订房功能，上线支付宝公众账号服务，百度地图上第一家上线集团营销等，布丁酒店结合这一系列线上营销平台，极大地方便了千禧一代的预订、支付等消费过程，受到他们的欢迎，如图 2-1 所示。

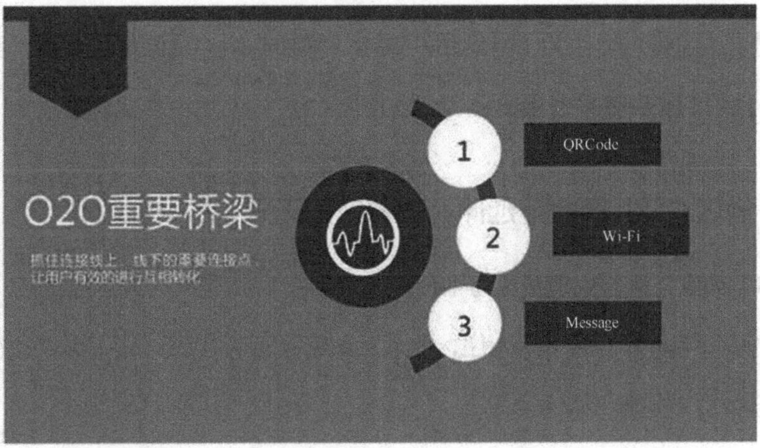

图片来源：虎嗅网

图 2-1　布丁酒店：基于商用 Wi-Fi 的酒店 O2O 服务

用户利用布丁酒店建立的微信公众号，可以实现下单和零秒退房，此外，用户还可以与它进行互动。

“阿布”是布丁酒店推出的通过人工操作与用户进行沟通的卡通人物，它每天都会发布一些主题，调动用户参与进来。用户可以在布丁建立的微信公众号内成立自己的“聆听微信台”，用以上传好听的音乐，实现了社区的 UGC 模式。

目前，已有 100 多万粉丝入驻布丁微信公众号，粉丝活跃度达 35%，每天的订单量达数百单，用户的重复购买率高达50%，几乎不需要推广费用。由此可见，利用互联网所形成的粉丝效应为补丁酒店带来巨大效益，并在用户群体中树立了良好的形象。布丁酒店积极调动用户参与，让他们去说、去传播，最终赢得口碑。

（2）华住：以“自有渠道为主，其他渠道为辅”的线上多渠道导流

华住通过去哪儿、携程、艺龙、微博、微信等11个互联网渠道进行导流。有三种渠道——自有平台、社交平台、OTA分销平台，用来满足不同消费者的不同需求。但是，华住为了降低用户成本，增加与用户之间的关联度，在多数情况下使用的是自有平台渠道。

酒店O2O产业链延伸：想象空间无限

（1）如家：体验式消费电商平台

如家一年内有1亿多人入住，于是，如家经营者在想：除了提供住宿，酒店还能为用户做些什么？

用户在当地旅行，约有一半的时间会在酒店歇息，酒店完全可以充分利用这些时间，为消费者提供更多样化的服务和体验，于是，酒店就成了线下一个较大的流量入口。

酒店完全可以充分利用自身平台，提供除了住宿以外的其他服务，进行创新型经营。比如，“免费入住酒店”——酒店的房间本来是每晚200元，而这200元用来购买酒店内的商品，然后获得免费入住的资格。酒店由此创建了一种新型的O2O模式——线上供应、线下体验的一种体验式消费。

（2）维也纳：不仅做酒店，更要做睡眠专家

据《2014中国睡眠质量白皮书》统计显示，中国国民深度睡眠严重不足，超过 70% 的人群睡眠质量差。维也纳酒店从改善消费者睡眠质量这一角度出发，为消费者提供高品质床垫，着力打造深度睡眠系统，努力成为中国的“睡眠专家”。

维也纳酒店亲自参与床垫的研发，并对质量严格把控。维也纳计划在 2015 年上线电商平台，用户如果看中了维也纳的床品，就可以在网上订取，随后，商家会把货物发送至用户家中。

（3）Aloft 酒店：互联网思维展示间

2014 年，Aloft 酒店与美国家居内饰零售商 Design Within Reach 签订了合同，该家居零售商可以在美国的 20 个 Aloft 酒店展示和销售他们的家具，像扶手椅、吊灯等，家具的价位表都放在显眼的地方，方便消费者一眼就能看到。

通过这种方式，酒店和家具品牌商可以相互受益：酒店根据自己的喜好挑选喜欢的家具，并可以免费使用；家具品牌展示商则获得了免费向消费者展示自己产品的机会，而且包括消费者的深度体验。很多入住到酒店的消费者，如果看到喜欢的家具展品，就会拍下来传到社交媒体上，无形之中就形成了对酒店的一种宣传。

酒店的这种创新营销模式，已经与传统的酒店营销模式有很大的不同，它不仅将利润来源扩大了，还通过酒店内的消费者获得了更多的传播途径。

酒店 O2O 融合：升级产品，提升服务

（1）东呈：微信连 Wi-Fi，让酒店与用户更近

酒店提供的微信连 Wi-Fi 是用户进入酒店服务菜单的一个轻入口，当

用户打开微信，点击“查看详情”便可进入酒店的服务菜单，菜单上包括了酒店为用户提供的各种服务，如注册会员和酒店预订等，此外，还有六大“微服务”——预留房、秒退房、晚退房、微续住、呼叫清洁阿姨和维修大叔。

入口价值的提升让酒店拥有了很多像餐饮预订、购物指南等 O2O 服务，另外，东呈向广大用户开放这一服务平台，将更多的品牌、商家与消费者联系起来。酒店也可以把 PMS 与微信的后台直接相连，以方便客人利用微信进行自助选房。客人通过点击服务菜单上的订房按键，进入订房页面预订房间，然后通过微信支付，这样，便实现了在线选房。同时，微信在 HTML5 页面上会显示酒店的楼层和客房布局——房间在几楼、是否位于拐角处、是否靠近电梯、是否临街等，而且，想住在一起的亲朋好友可以自行选择相近的房间，甚至可以提前 360 度全景看房。

（2）华住：自助服务终端

华住酒店为用户提供自助入住，这是一个类似于 iPad、旁边放有身份证扫描仪的自助设备，用户通过该设备便可完成选房、预订，办理入住、支付房费等一系列程序，最后在入住前到前台领取房卡和发票就可以了。

（3）万豪：酒店与 Apple Watch 的完美结合

用户对 Apple Watch 这一可穿戴设备一直趋之若鹜。Apple Watch 的内置应用包括微博、微信、支付宝、携程、美拍等多款应用功能，再加上其具有能够支持 Apple Pay 支付功能的 NFC 模块，可变身银行卡、酒店门卡，所以深受用户的喜爱。

万豪酒店集团在未来会利用 iPhone6 推出与 Apple Watch 相关的 App，方便用户在 Apple Watch 上完成包括预订、支付、登记在内的一系列程序。

用户完全可以在自己亲身体验之后，通过微信、微博等社交媒体，借助美拍记录，发表自己的真实感受。从场景到触点，这样就形成了一个完整的酒店 O2O 路径。这不仅降低了人工成本，还提高了酒店的工作效率，更为入住的客人提供了良好的入住体验。

在旅游 O2O 的浪潮下，传统酒店业如果能积极进取、竭力创新，以用户为中心，把产品和服务尽可能地做到最好，就不会处处受到 OTA 的牵制，反而会拥有更多的营销机会。商业的本质就是满足用户需求，然后获取利润，其中产品的质量和服务是至关重要的。酒店如何更好地实现盈利？思路决定出路，酒店 O2O 课题值得所有的酒店思量。

酒店团购 VS 酒店 OTA：酒店 O2O 市场的生态布局之战（上）

酒店和机票预订，是在线旅游平台（OTA）最主要的两个业务和盈利方式。只是，“互联网 +”时代下，移动互联网的普及，使线上线下的整合方式有了更多的变化和选择。以往基于在线旅游平台的酒店 O2O 模式，也不断受到团购等新连接方式的冲击和挑战。

就当前来看，以美团为代表的国内诸多团购网站，已经开始布局酒店 O2O；同样，携程、艺龙等在线旅游平台，也不断地自我变革更新，以应对新的市场竞争；另外，传统的实体连锁酒店，也逐渐进行互联网化的转型升级，以求在酒店 O2O 市场中获取一席之地。

团购网站布局酒店 O2O 市场

根据易观智库的统计，2014 年的酒店团购规模，占酒店 O2O 市场份额的 10% 以上。其中，美团、百度糯米和大众点评，又占据了酒店团购市场份额的 95% 以上。随着国内诸多团购网站纷纷布局酒店 O2O 市场，酒店团购的市场份额必将进一步提升，也势必会对传统的在线旅游平台造成冲击。

酒店团购是“互联网 +”时代下，酒店 O2O 的一种新连接方式。相比于以往的在线预订平台，酒店团购有其自身的发展优势，也将成为酒店 O2O 的一种重要发展模式。

（1）酒店团购的优势

酒店 O2O 的市场主体是客户和酒店。因此，酒店团购的优势，也主要表现在客户的消费体验和酒店的市场效益两方面。

“物美价廉”是消费者始终追求的消费体验。相对于在线预订模式，团购以其“薄利多销”的规模效益，为消费者提供了更为低价优质的住宿服务，更容易获得消费者的青睐。

对酒店而言，有入住率才会有效益。而美团、百度糯米、大众点评等团购平台，都有数目庞大的移动流量，其连接入口也十分简单便捷。因此，通过与这些团购网站的合作，酒店能够获得大量的潜在客户，提升品牌的知名度。

一方面，酒店团购可以通过低廉的价格优势，提高酒店在淡季的入住率，实现效益的增长；另一方面，酒店也可以凭借优质的服务体验，将团购网站的粉丝用户培养成自己的忠实客户。

团购网站是依靠订单获益的。因此，它们必然会极力提升合作酒店的知名度，以实现酒店和自身的双赢。对于酒店来说，则可以借此节约宣传成本，将更多的资金和精力用于服务产品的改善上。

借助手机等移动智能终端的实时定位功能，消费者能够随时获取附近的酒店团购信息，从而刺激消费者的住宿消费行为。

（2）酒店团购的劣势

作为移动互联时代酒店 O2O 的新模式，酒店团购发展迅速，市场占有率也不断提升。但是，酒店团购却无法成为酒店 O2O 的主流连接形态。这是由于其固有的缺陷造成的。

+-

★价格低廉是酒店团购的最大优势，但是，在旅游或住宿旺季，常常出现供不应求的情况。这时候，酒店显然不会愿意放弃较高的利润，转而选择团购的营销形式。因此，对酒店来说，团购更多的是提升淡季入住率的一种补充手段，而不会成为主流模式。

★酒店房间的住宿条件必然会有所差异。由于团购的价格低廉，因此，酒店会把团购用户首先安排在那些条件较差的房间。其结果就是，极大降低了团购用户的住宿体验，也对酒店自身和团购网站产生不利影响。消费者本就有一种“便宜无好货”的心理倾向，而一些酒店团购为了一时之利虚假宣传，又强化了消费者的这种心理预期，最终也就影响到了酒店团购的进一步发展。

+-

有个真实的案例：要去外地出差的李杰，通过团购网站预订了一家酒店。当他下了飞机赶到酒店时，却发现与网站上所展示的图片相去甚远。但是，由于位置比较偏僻，自己又对当地不熟悉，只好勉强入住。正如他自己所说的，以后都不会再相信酒店团购了。

酒店团购是通过酒店和团购网站两者合作，形成的一种酒店 O2O 连接模式。酒店借助团购网站的大量用户流，提升了入住率，获得更多利益；团购网站则通过酒店支付的佣金获取收益。然而，一些酒店为了自身的利益，往往会鼓动客户跑单。比如，在进行电话预约确认时，往往以各种方式诱导客户进行现场付款，而不是在团购网站上进行支付。这种情况，显然不利于酒店团购的长远发展。

（3）团购网站进军在线酒店预订

为了更好地布局酒店 O2O 市场，突破因自身先天不足造成的发展瓶颈，以美团、百度糯米、大众点评等为代表的一众团购网站，又将眼光转向了在线酒店预订市场，对以携程、艺龙等为代表的在线旅游平台，发起了挑战。

团购网站布局在线酒店预订，有着以下优势。

+-

★团购网站有着强大的地面推广团队，可以快速整合各种线下资源。例如，到 2014 年，美团已经拥有了超过 300 个城市分站；而在 8000 人的员工中，很大一部分都是地面推广人员。显然，这些人员的强大资源整合能力，有利于快速地与各地酒店达成在线预订合作。易观智库的数据显示：2014 年上半年，酒店团购的客房成交额为 30 亿元，同比增长了 142%。显然，酒店团购不断积累的用户流量，也为团购网站布局在线酒店预订提供了广阔的市场开拓空间。

★美团等网站有着大量高黏性的用户，为在线酒店预订提供了大量的潜在消费群体。同时，团购网站不断地进行业务跨界，使它们逐渐转型“为吃喝住行一站式的服务平台”：用户在团购电影或餐饮的同时，也会顺便看看酒店预订服务。

★价格优势是商家吸引消费者的利器之一。不论是美团背后的阿里集团，还是糯米依靠的百度、大众点评依托的腾讯，都有十分雄厚的实力。这使团购网站在进军在线酒店预订市场时，有能力通过价格战，抢夺在线旅游平台的市场份额。

+-

（4）团购网站进军酒店预订的劣势

虽然有着诸多优势，但团购网站的在线酒店预订布局，肯定不会是一帆风顺的。至少，下面三个方面就是其不得不考虑的问题。

+-

★市场份额基本被瓜分完毕，新市场的开拓较为困难。以携程、艺龙为代表的在线旅游平台，已经在多数城市完成了布局，而且多与酒店进行独家合作。这使团购网站很难在当前的市场格局下，与更多的酒店，特别是那些没有接触过的高端酒店，达成合作意向。

★用户群体的特质，限制了在线高档酒店预订市场的开拓。团购网站以其价格优势聚集起了大量用户，这些用户群体在社会中一般处于中低收入阶层，对价格的变化较为敏感。因此，当团购网站转向在线高档酒店预订市场时，很难吸引到他们的关注。

★消费者的思维定式，也影响了在线酒店预订市场的开拓。旅游群体始终是酒店最主要的客户基础。受以往业务范围的影响，消费者对团购的印象更多的是订餐、电影、KTV 等饮食和娱乐方面；而提到旅游，则是携程、途牛等专业性的在线旅游平台。这种心理预期，必然不利于团购网站进军在线酒店预订市场。

+-

酒店团购 VS 酒店 OTA：酒店 O2O 市场的生态布局之战（下）

在线旅游平台的酒店 O2O 布局

酒店和机票预订是在线旅游平台的两个最主要业务。近几年，随着互联网对社会生活渗透的加深，以及旅游群体的不断增加，在线旅游平台全面开花，发展迅猛。具体到在线酒店预订方面，2014 年，在线旅游平台的两个代表网站——携程网和艺龙网，分别同比增长了 63% 和 32.6%。

随着美团等团购网站也开始纷纷布局在线酒店预订，可以预见，这一领域的市场竞争将呈现出“多国争霸”的局面。面对业内的竞争和外部的挑战，作为在线旅游平台标杆的携程和艺龙，也有着自身的竞争优势。

（1）携程酒店在线预订的优势

作为在线酒店预订业务的领头羊，携程自然有着其他平台不可比拟的竞争优势，如图 2–2 所示。

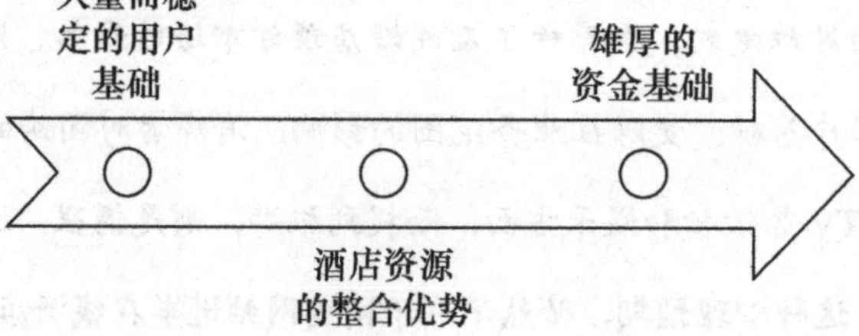

图 2-2　携程酒店在线预订的优势

+-

★大量而稳定的用户基础。在在线酒店预订方面，携程占据的市场份额超过了 25%。这使其始终能够保持行业的领先地位，同时也为进一步地发展积累了大量的忠实用户。

★酒店资源的整合优势。作为专业的在线旅游服务平台，携程在多年的发展中积累了大量的酒店合作伙伴。特别是在高档酒店领域，更是有着绝对的优势。

★雄厚的资金基础。携程是目前国内上市的四大旅游公司中，唯一获得盈利的企业。

+-

（2）艺龙酒店在线预订的优势

艺龙虽然没有携程那样的行业领导地位，但相对于其他在线酒店预订平台，也有着自身独特的优势，如图 2-3 所示。

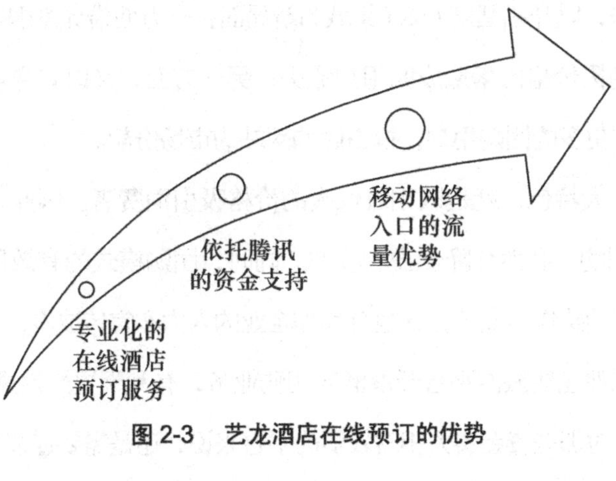

图 2-3　艺龙酒店在线预订的优势

+-

★专业化的在线酒店预订服务。作为两大主要业务之一，艺龙可以集中精力打造更为专业化的在线酒店预订服务。同时，经过几年的发展，艺龙也占有了稳定的市场份额，甚至在中低端酒店资源方面，不弱于携程。

★**依托腾讯的资金支持。**艺龙背靠互联网巨头腾讯公司，有足够的资金实力应对在线酒店预订领域的价格竞争。

★**移动网络入口的流量优势。**"互联网＋"下，酒店O2O布局的关键，转向了移动网络入口。当前艺龙的在线酒店预订业务，有55%是通过移动端完成的，这显然有助于提升其在移动互联时代的竞争能力。

+-

（3）在线旅游平台的酒店团购业务

携程、艺龙等在线旅游平台的业务之争，短期之内还无法结束。同时，面对美团、糯米等团购网站的挑战，在线旅游平台也不断进行变革更新，以继续保持在这一市场领域的优势地位。

例如，为了应对团购网站的挑战，携程等在线旅游平台，也推出了自己的酒店团购业务，以开拓酒店O2O领域的新局面：一方面借此削弱团购网站的竞争优势，避免因价格因素造成的用户流失；另一方面，又以其专业化的酒店预订服务，吸引更多的团购用户，抢占团购网站的市场份额。

团购的一大特色，就是以相对低廉的价格吸引消费者。因此，在线旅游平台推出酒店团购，必然会降低盈利收益。同时，团购模式的有效展开，需要强大的线下推广团队作为支撑，这也会增加企业的人力和宣传成本。

因此，虽然在线旅游平台开展酒店团购业务，有利于更好地进行酒店O2O布局。但是，对那些资金实力相对较弱的平台来说，还是需要谨慎选择。

连锁酒店的O2O转型

团购网站和在线旅游平台，在酒店O2O领域展开了激烈的竞争。传统的线下实体连锁酒店，自然也不甘寂寞。7 天、丽枫酒店、99 旅馆、雅高酒店等，也开始推出自己的在线酒店预订平台，以便在规模日益增长的酒店 O2O 领域，占据一席之地。

（1）连锁酒店布局酒店 O2O 的优势

相对于团购网站和在线旅游平台，连锁酒店也有其独特的发展优势，如图 2-4 所示。

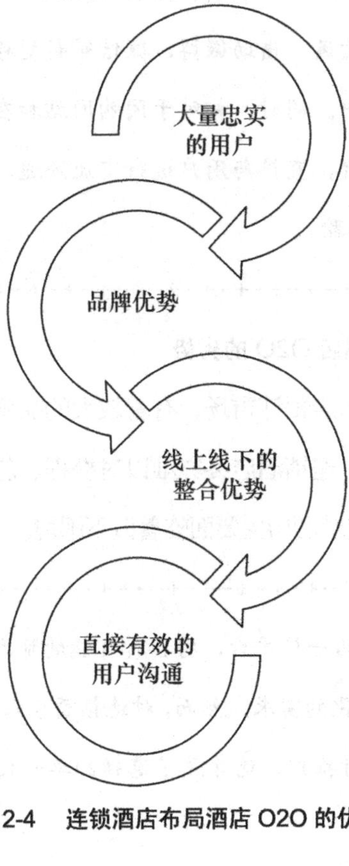

图 2-4　连锁酒店布局酒店 O2O 的优势

+-

★**大量忠实的用户**。连锁酒店一般都有着众多的会员，这将成为它们在互联网化转型后坚实的流量基础。

★**品牌优势**。毋庸置疑，连锁酒店通过长期的优质化服务，树立了较高的品牌知名度和美誉度，更容易在线上平台得到消费者的认可。

★**线上线下的整合优势**。连锁酒店有着专业优质的线下酒店服务经验，与线上平台连接后，可以实现线上线下资源的高效整合；同时，打通线上环节，也有利于自身品牌的营销推广，让消费者更清楚地了解酒店的发展动态。

★**直接有效的用户沟通**。借助微博、微信等新型移动社交平台，连锁酒店可以挖掘更多的潜在客户。同时，相对于团购网站和在线旅游平台，连锁酒店可以通过自身的线上平台，直接与用户进行交流沟通，从而为消费者提供更加个性化和优质化的住宿体验。

+-

（2）连锁酒店发展酒店 O2O 的劣势

连锁酒店开拓在线酒店预订市场，有着较大的品牌和客户优势。不过，作为传统的实体服务门店，连锁酒店终究难以对携程、艺龙等专业化的在线平台造成威胁。具体而言，连锁酒店主要面临着以下困境。

+-

★酒店 O2O 模式作为一种平台，将各种可能的资源有效连接整合起来，以满足消费者多元化、个性化的需求。然而，对连锁酒店来说，其构建的 O2O 平台，不可能帮助其他酒店进行推广。这导致了选择的单一化，因此也无法吸引更多的消费者。

★连锁酒店毕竟主要是做线下实体服务的，因此在线上平台的打造方面，难以与携程、美团等专业化的线上平台相媲美。同时，线上平台的打造，需要大量的人力和资源成本，会对连锁酒店的线下运营造成一定影响。

★连锁酒店缺乏线上运营经验，需要长时间的探索，才能完成线上线下的资源整合，这可能使其丧失酒店O2O的初期市场红利。

总体而言，当前酒店O2O模式的市场布局表现为以下特征。

★虽然当前国内有雄厚资金支持的线上平台并不多，但是，作为消费者较为敏感的因素，价格战依然会成为主要的竞争手段。

★携程、艺龙等在线旅游平台，依然在酒店O2O市场中占据绝对优势，但业务范围更多地集中于一二线城市。

★美团、糯米等团购网站，短时间内还无法在一二线城市中对旅游平台造成较大威胁，因此需要从三四线城市入手，打开酒店O2O发展的新局面。

★连锁酒店的互联网化转型，还需要长时间地探索完善，短期内难以取得较大成效。

8000亿元的餐饮供应链市场：基于O2O模式下的餐饮转型升级

"互联网+"在当今社会代表一种新的社会形态，餐饮行业的包装商们从生鲜供应链到生鲜半成品再到食材包这一系列的流程中，又找到了新一轮的投资机会。关于吃，他们都说要吃出花样、吃出健康、吃得舒服、吃得方便。

中国的餐饮业存在两个怪圈：一个是中高端餐饮，一个是中低端餐饮。中高端餐饮以地区性为主，中低端餐饮以肯德基、麦当劳为主，而这两种餐饮业都有一个共同点，那就是没有强势的中国餐饮品牌。

传统的餐饮界一直在不断地进行创新，一开始有俏江南，后来又有外婆家、海底捞；有的餐饮企业面临转型，像湘鄂情；有的餐饮企业被收购，像小肥羊。面临持续不断增长的市场，然而很少企业能够从中获利，如俏江南，它的上市再次被搁浅。这个市场犹如挂在墙上的一幅美景图，你看得到，却难以身临其境。

“互联网 +”包裹下的中国餐饮业

在“互联网 +”盛行之前，对就餐而言，人们有两种方式，要么去餐厅，要么自己做，而这两种方式中又包含了很多选择，所以消费者就餐的方式多种多样。要让消费者只采用一种方式就餐简直是不可能的事情，很少企业会做这种尝试，因为这不仅是对企业自身能力的一个极大的挑战，也是对消费者味蕾的一个极大挑战。

或许在未来的某一天，人们日渐增长的厨艺成了餐饮企业面临的最大挑战。我们可以一直使用一部手机，却不能一直吃一道菜。巨大的餐饮市场和不可捉摸的消费者饮食习惯，给餐饮企业同时带来机遇和挑战。

餐饮行业一直在根据消费者的需求对市场进行更加细致的划分，如中餐、西餐、火锅、水饺、面条、川菜、鲁菜等，最近最为火爆的黄焖鸡米饭就是一个典型的例子。企业根据消费者的喜好制定发展方向，从某种层面上来讲，这意味着有一部分消费者永远不会进某一类餐厅。可是，面对如此巨大的市场，即使是肯德基、麦当劳也不会让所有的消费者都来光临。在“互联网 +”之前的时代，餐饮企业主要是通过这种细分市场的方式，赢得了广大消费者的喜爱，成就了很多知名品牌，直到现在仍然盛行。

在“互联网 +”时代，传统行业分普通包装商和高级包装商两种，但是如何界定该包装商是“普通”还是“高级”呢？我们用简单粗暴和复杂精美两种标准来判断，这样既不会得罪人，也能准确理解他们背后的逻辑。

+–

★普通包装商。这类包装商的特征是既简单又粗暴，他们利用互联网与传统餐饮相融合，为消费者提供在线团购、在线选座和外卖等服务，凭借信息化优势，在巨大的餐饮市场建立了自己的成长基础。他们既为餐厅做广告，让餐厅更方便地获得更多的消费者，又为消费者提供餐厅信息，让消费者更便捷地找到餐厅，享受服务，提高了运营效率。

★高级包装商。有的高级包装商，如生鲜半成品、食材包的提供者们，他们不屑与传统餐饮为伍；而有的高级包装商，如生鲜供应链商家们，他们希望传统餐饮可以升级。高级包装商们认为美食是人们享受生活的另一种方式，或者说人们应该享受更好的美食。

+–

众包模式推动餐饮 O2O 进程

国内的餐饮“包装商”们深受远在太平洋东面的美国人们的饮食习惯的影响，美国人吃什么、怎么吃，中国的包装们都要及时了解，希望能将他们的饮食模式复制到国内（以前称这为“Copy To China”）。

现在，国内包装商给了国人另外一种解释，那就是希望他们能够享受到另一种生活方式，体验一下国外的餐饮习惯，像宜家、星巴克、无印良品在国内深受大家的喜爱，这就是最好的诠释。

Blue Apron 就是每周为消费者送去做饭用的食材，在 2014 年底，月配送量达到 100 万份，下一个目标就推出电商服务，不仅为消费者提供食材，还有菜谱、厨具等有关于吃的各种产品。于是，提供中餐的生鲜半成品 O2O、提供西餐的食材包服务商、提供丰富品种的生鲜电商，甚至是提供厨师上门服务商都一一涌现，而且纷纷获得不同等级的投资。

除了从外围向餐饮市场的进攻，还有很多其他行业的案例，我们屡见不鲜。像 Airbnb 对酒店业的解构，Uber 改变了人们的出行方式，国内的途家、滴滴、易到就是效仿他们。新的商业机遇已经出现，这让“包装商”们和投资者们都充满了期望与想象，希望在这个机遇中能赚得一笔财富。

食材供应链成竞争蓝海

从现在的餐饮市场现状分析，人们的需求与以往相比发生了较大的变化，人们希望得到更加新鲜、健康、安全的食材，而现在的很多餐饮行业并没有达到要求，现在流行有机食品，肯德基、麦当劳都被人们贴上了不健康的标签，不再像以往那样受到欢迎。

这种市场情况，为传统餐饮业以及“互联网 + 餐饮”企业提供了良好的机会，但是，人们对饮食的需求千变万化、不一而同又成为这些企业发展的障碍，而且人们的需求量少、复购率低也是企业不得不面对的市场问题。

现在，外卖已经成为一种流行的订餐模式，我们随处可见各种各样的订餐方式，如美团外卖、饿了么、到家美食会等。

外卖成为继团购之后的另一个投资热点，各外卖商都想从这种多元化、分散化的餐饮市场中分得一杯羹，都竞相标榜自己的送餐效率、服务质量、拥有的客流量，希望各餐厅可以与自己合作，从而在交易中获得抽成。例如，天猫与京东，两家各执一词，不过他们的工作也很辛苦，不仅要 to R（餐厅）、要 to C（消费者），还要 to VC（投资者）。

在生鲜 to C 和餐饮 O2O 的竞争都很激烈的境况下，一部分“包装商们”将目标锁定在美国餐饮供应链企业 Sysco。Sysco 的年营业额超过 400 亿美元，在美国市场中的份额约为 25%，为美国 40 多万个学校、医院、餐厅等客户提供服务。

餐饮业虽然具有分散化的特征，但餐饮供应链是有相对标准的，目标客户没有规模大小之分，这个足足有 8000 亿元的庞大市场，其中，60% 的市场分布在中国的前十大城市。

事实上，与餐饮业的分散化特性一样，餐饮供应链市场也具有分散化的特征，各个城市的农产品批发市场、批发市场里的各个批发商都有分散的供应链体系。

用“互联网 +”的概念可以把最后一公里的问题讲清楚，但面对成千上万的批发商，一家公司如何与之相匹敌，这显然不是用“互联网 +”这个概念就可以讲明白的。餐厅的类型、档次、厨师各不相同，提供的服务自然就会千差万别，才能满足消费者多样化的需求。**复杂的产品线和供应网络是现在多数包装商们面临的重要难题。**

现在，不管是“互联网 +”的企业还是传统餐饮企业，它们都在想办法从不同的角度、以不同的方式对餐饮行业进行重新梳理、升级和解构，给餐饮市场带来一些改变，有的从餐饮链的后端着手，对餐饮市场重新梳理，有的从客流、营销、信息化等前端对餐饮业升级，有的重新对餐饮和消费者进行细分，对餐饮也升级，有的从生鲜、厨师服务等外围对传统的餐饮经济解构。

各种模式都有利弊，最终结果如何，关键还是看企业团队能否把握机遇，站在消费者的立场上，为他们提供更多、更好的选择与服务，让我们为他们加油，预祝他们“包装成功”。

Part 3

互联网＋餐饮：

“互联网＋”颠覆与重构传统餐饮模式

互联网 + 餐饮：经济新常态下，传统餐饮企业该何去何从

现阶段，我国的宏观经济增长放缓，在国家出台的八项规定，以及厉行节约等措施的影响下，我国的餐饮业正面临着深度转型，由原来的高速增长转变为现在的低速增长。餐饮行业受移动互联网和大数据时代到来的影响，发生着前所未有的改革创新，高端市场难以经营，大众市场又遭到难以突破的高成本瓶颈，于是，餐饮业正逐渐向小而美、快时尚、慢精品的方向求生存。

2014 年底，中国饭店协会发布了 2014 年度中国餐饮业十大关键词：O2O、特色餐饮、婚庆喜宴、中央厨房、餐饮众筹、商场餐饮、体验式餐饮、供应链整合、新生二代品牌、餐厅小型化。

“互联网 +”新常态下，餐饮企业的变革之路

新常态下，餐饮企业如何发展？我们从不同的角度来分析餐饮业发生的一系列转变：

+-

★从产业形态上看，传统餐饮业与互联网相融合，"互联网＋"为餐饮业的发展提供了新动力；

★从创新模式上看，传统餐饮企业正在努力学习互联网技术，积极改革创新，向着互联网化的方向发展；

★从技术改革上看，特别是在线服务这一技术的创新，使得餐饮业可以为消费者提供更方便的线上服务；

★从组织形态上看，餐饮行业越来越向着小型化、精美化、特色化方向发展。

+-

高端餐饮市场服务的人群与以往相较发生了很大的变化，企业能否长久发展取决于产品的品质和服务能力。在未来，快时尚、休闲品牌、中端品牌、大众品牌将成为餐饮行业的中流砥柱企业。而且，从长期发展来看，餐饮行业必然会出现人力资源的短缺问题，服务人员的平均年龄也逐渐增高，企业若想降低人力成本，就要改造服务流程并拓宽招工范围，随后，"互联网＋"的下一阶段的目标就是打造高质量的服务。

餐饮行业在互联网技术的影响下，其营销环节发生了颠覆性的变化，并且这种影响正逐渐向其他环节渗透。未来的餐饮业绝对不只是满足人们的吃喝这么简单，而是为消费者提供餐饮的基本服务＋餐饮文化＋消费体验这样一种组合式平台服务，跨界合作、跨界发展已经成为企业常见的做法。现在，一些从互联网、设计、媒体等外行业跨界来做餐饮的外行人，他们正在改变着整个餐饮行业的经营法则。

同时，一批新的产业模式降临，如绿色饭店、健康养生、节能降耗、生态饭店等。商业模式出现两种新方向：一种是标准化、连锁化的餐饮企业，它们依靠规模和速度，以资本市场获利和品牌发展为目标，致力于互联网化、大众化、多品牌化、产业化、O2O。另一种是以文化和匠人精神做支撑，坚持追求品质好的产品及服务。

大数据的应用为餐饮业提供更精准的消费者消费数据。传统餐饮已经不能满足新消费群体的需要，于是，餐饮业在产品设计、品牌定位、经营思维、营销策略和消费者体验方面都做出了革命性的改变。不管是快时尚还是慢经典，小而美还是单品策略，注重文化品牌还是精准服务，主打综合体还是O2O，这些精细化的产品业态发展都有赖于大数据的分析，餐饮企业脱离了大数据分析，在发展的道路上必然会更加坎坷。

业态创新成为大众消费增长的新动力

餐饮行业的发展开始出现新的态势，消费者开始倾向于大众消费，火锅、快餐、西餐等的销售额持续增长，而高端消费的销售额明显下滑。2015年，赢商网高端餐饮营业额同比下降6%，人均消费同比下降20%，平均毛利率同比下降8%；而大众餐饮的营业额同比整长12%，人均消费同比增长15.2%，平均毛利率同比增长0.3%。

而在酒店行业中，与豪华型酒店相比，经济型酒店依然保持着较强的竞争优势，中端酒店也开始成为行业新秀。

第四届中国饭店产业发展大会上发布的《2015中国酒店连锁投资与发展报告》显示，经济型品牌规模10强总门店数9533个，同比增长25.17%，客房数942021间，同比增长21.76%；中端品牌规模10强总门店数594个，同比增长30.81%，客房数84575间，同比增长41.79%；高端品牌规模10强总门店数446个，同比增长20.54%，客房数133940间，同比增长18.46%。

消费者需求的多样化，刺激了多种酒店形式发展，如文化主题饭店、休闲度假、养老酒店、民宿客栈、中端连锁、短租公寓、艺术酒店等，以及多样餐饮业态的发展，如主题餐厅、老年餐饮、特色餐厅、休闲餐饮、社区餐饮、外送外卖、半成品售卖、O2O等。

+-

北京前门皇家客栈是一家设计概念酒店，以"水文化"为经营主题，房价平均在千元左右，而入住率则高达90%；御仙都皇家菜博物馆以"皇家菜"为主题，让消费者体验皇家文化，2015年高端餐饮市场的人均消费同比下降40%，而御仙都皇家菜博物馆的营业额却同比增长37.8%，利润同比增长23.6%；特色餐饮旺顺阁鱼头泡饼一道菜一年的营业额高达3亿元，共销售鱼头25万个。

+-

"互联网＋""一带一路"成为新引擎

随着互联网的发展，餐饮业也开始用"互联网＋"的思维进行发展，在营销、渠道、传播、支付和消费者体验等各个环节都采用移动化和信息化的手段进行调整创新。微信开门、客房智能控制系统、可穿戴智能技术等都将为餐饮业的发展带来颠覆性的影响。为了适应数字化的市场态势，各大餐饮企业也都纷纷引入大数据、O2O、在线半成品食品外送、厨师外送等，以增强自身的竞争优势。

2014年，在国家"一带一路"、长江经济带、京津冀协同发展这三大战略的带领下，我国已有近20个省份将丝绸之路经济带战略纳入本省的发展战略，同时饭店餐饮业也积极参与，抓住新形势下的商机，以便长远发展。

除此之外，中国饭店协会为响应国家的"一带一路"发展战略，成立了丝路分会、京津冀分会、长江经济带分会，并通过举办活动，来提高饭店餐饮业的影响力和竞争力，如 2014 年举办的首届丝绸之路饭店餐饮产业大会暨丝绸之路美食节、2015 年举办的京津翼休闲旅游美食节等。

餐饮革命：互联网时代下，重新审视市场、用户与产品

2012 年 12 月 4 日，中央政治局会议制定通过“八项规定”，之后又出台了“六条禁令”，八项规定中的第一条就列出“不安排群众迎送”“不安排宴请”，六条禁令的第一条也明确表示“单位内部一律不准用公款送礼、宴请”，这体现了中央对改进工作作风的重视和现实治理方面的具体实践。

另外，以往主要靠公款消费兴盛起来的高端餐饮行业面临着巨大压力。比如，知名度较高的小南国，该企业在 2014 年的营收额比 2013 年仅增长了 4%，净利润与上一年相比下降比重超过 99%。由于中央出台限定指令，小南国的发展受到影响，有 8 家连锁店被迫退出市场。

面对这种状况，很多同类行业都谋求自身发展方向的变革，大众餐饮获得了更多的发展机会。那么，高端餐饮行业应该怎么转变才能找到新的出路呢？

“大数据时代”这个说法最初来源于麦肯锡咨询公司。对此，麦肯锡曾经表示，我们所处当代社会中的所有行业和领域在其运转中产生了大量的数据信息，而这些数据中蕴藏着巨大的商业价值，整合利用行业数据能够对整个生产和消费起到推动作用。

我们该怎样理解大数据呢？举个例子，在世界范围内的旅游网站中，排名第一位的是 Expedia，该企业的覆盖范围达 70 个国家，其访问量约为 5000 万次 / 月，公司有专属的手机应用程序，用户的下载速度约为 200 次 / 分钟，因此，

Expedia 在运营中会接收到海量的数据信息。

如果能够对杂乱无章的数据信息进行分析，就能从中掌握用户的需求，这样做能够在营销过程中提高产品的针对性。餐饮类行业也应该这样做。

营销渠道的转变：移动终端带来的机遇

什么是移动营销呢？不同的专业人士有不同的理解。根据《移动营销》对其概念的阐述，我们可以这样理解：移动营销属于营销大类的一种，它的信息载体是移动终端（手机、掌上电脑等），在营销过程中会应用到相应的移动系统。

移动终端又该怎样理解呢？移动终端又称移动通信终端，这种计算机设备受空间因素的限制较小，其范围有大有小，通常情况下是指主要用于通信功能的手机、智能手机和 iPad，如果将其范围扩大，那么除了手机和 iPad 之外，还包括笔记本电脑、POS 机和车载电脑。移动终端应用能够充分整合用户的闲散空闲时间，如今移动网络的不断普及也方便了用户在网络覆盖区域进行在线浏览。

随着使用智能手机的用户不断增多，人们对线上支付的接受度也逐渐增加，消费者的地位不断提高，能够参与到消费过程的各个方面，而餐饮类企业是服务性行业的代表，应该跻身社会发展大潮，整合移动营销渠道，吸引更多的消费者。

+-

西安食品股份有限公司旗下有很多餐饮品牌，为了促进消费从各方面入手，首先，联手我国各大电子团购网站（包括窝窝团、手拉手网和嘀嗒团等）；其次，开拓其他渠道，如电话预订、移动终端的应用；另外，联手线上平台和银行机

构，如丁丁网、QQ美食、订餐小秘书、美食订餐网等，还有招商银行、民生银行、交通银行等，向用户提供线上预订服务，配合其他营销方式刺激消费需求，增加了自身收益。

+-

餐饮O2O：营销新模式的探索

与B2C、C2C等模式相比，线上线下一体的商业模式（O2O模式）有自己的独特性，它是将网络平台的消费者转移到线下店铺，即消费者先在网上进行预订和支付，然后到实体店进行体验。它把包括优惠活动在内的实体店的相关信息呈现在网络平台上，若用户受到信息吸引就可以到实体店消费。

运用O2O模式，能够在线上进行实体店产品的营销，用户能够在网上进行初步选择，并可即时交易。这种模式的优势在于效果清晰、交易信息明确。

八项规定、六条禁令推出后，高端餐饮面临压力。

+-

北京万豪酒店城墙小馆也是典型的餐饮类企业，在这种情形下，该企业利用线上平台进行产品营销和推广，将商品以图片形式呈现给消费者，并提供相应的打折促销，不仅能够吸引更多人的光顾，还能使酒店市场的经营形式更加多样化。

2014年，在万豪酒店的全部所得收益中，大约一半是由网络平台转移到线下的消费者实现的。而且，很多同类型行业也在采用这种方式吸引消费者，如果不愿尝试新方式，就容易在竞争中处于落后地位。另外，线上推广能够提高餐饮企业的影响力、扩大覆盖面。

+-

为了吸引更多的大众消费群体，高端餐饮企业开始在网络平台上营销自己的产品以提高自身的影响力和知名度，除此之外，还提供婚宴和会议服务，以此来增加收益。

而且，线上线下一体模式的运用使企业能够随时查询用户的相关信息，打破了时空因素对消费行为的局限，无可置疑，这种商业模式拓宽了传统企业的营销渠道。

移动互联网时代的餐饮业变革

无论是服装领域、酒店行业，还是出行领域，都因互联网的发展面临更大的压力，只有餐饮企业受到的影响相对小一些。如今高端餐饮正面临转型，大众餐饮在该领域占据越来越重要的地位，很多餐饮行业都在尝试用互联网思维来改变传统经营模式，这说明餐饮企业会在将来发生彻底性的变革。

毋庸置疑，互联网正在改变着大众生活的方方面面。要在竞争中生存下来，餐饮企业就要跟上时代潮流的步伐，在发展过程中运用新的商业模式，这样才能获得更加长远的发展。

互联网技术不断发展、智能手机日益普及的宏观大背景下，餐饮企业需要对市场、用户、产品、企业价值链乃至整个商业生态进行重新审视、思考。

就现阶段的餐饮企业经营来说，只有少数拥有独立的平台，平台在运营过程中的升级、维护和数据管理都是由经营方而非餐饮企业来完成的，难免会出现纰漏。而且，在平台上推出的促销活动势必会给线下经营带来压力，这些都是需要加以完善的地方。

同时也会考验企业的成本，如果在网络平台购买同样的产品比较优惠，那么企业就要考虑怎样把控自身的成本消耗和收入。联合团购网来吸引更多消费者，对大众餐饮消费来说是可行的，而高端餐饮需要做的是借助网络平台提高用户的认可度，使其在经济条件允许下前来体验。

在 2014 ～ 2024 年，我国的经济领域会呈现出崭新的面貌，只要用户的消费行为跟上时代步伐，那些固执己见的传统企业一定会被淘汰。餐饮企业应当革新思维方式，根据自身特点进行借鉴和创新。

对餐饮行业而言，最重要的是提高产品营销的针对性，让消费者体验到会员级别的待遇，满足其多样化的需求；另外，要注重在微信平台、消费者管理系统中提取有价值的信息。

一言概之，现如今的餐饮行业要加强与互联网及移动互联网平台的合作，围绕客户需求，满足其个性化的饮食需求，并方便其进行预订、支付和就餐。餐饮企业应该充分整合互联网平台资源，把握当下的行业发展趋势，不断完善自身的服务。**利用网络平台将线上用户成功转移到线下进行消费，既增加了企业的盈利，也为消费者提供了便利。**

餐饮是大众生存的基础，永远都不会过时。餐饮企业应该根据消费者需求不断更新自身的经营，提供上门服务、线上服务等。相信我国的餐饮行业还会在将来取得更大的进步。

互联网时代的战略转型：未来酒店餐饮业的 6 大发展趋势

随着互联网的发展，各个领域纷纷进行变革转型，餐饮业也积极试水，那么，餐饮业应怎么转型，又如何转型呢？

最近，餐饮业掀起一阵新的浪潮，菜单变得美而薄、菜品变得更加精致，甚至出现了跨界融合。实际上，餐饮业最佳的经营模式就是小而美，而在我们身边有许多成功运营的小而美商家，如DQ、COCO奶茶等，均能够适应快速发展的市场节奏。

从餐饮业的发展业态看，在未来，餐饮业将朝着门店小型化、菜品精致化、价格亲民化、服务自助化、业态多元化和管理标准化的方向发展，如图3-1所示。

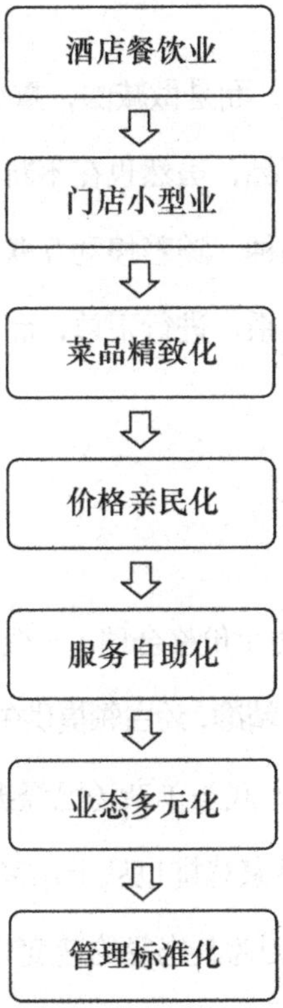

图3-1 酒店餐饮业未来发展的6大趋势

门店小型化

在2005～2006年，我国餐饮业曾掀起一股大型化浪潮，商家追求规模化，一般的店面经营面积已达到2000～3000平方米，甚至10000平方米、20000平方米的超大型店面也随处可见。

而随着时代的发展，店面又向小型化发展，如外婆家和绿茶餐厅，经营面积在 200 ~ 300 平方米，甚至 10 平方米左右的超小型店面也开始出现，其中以西少爷为代表。店面面积小并不影响餐厅的经营。

菜品精致化

餐厅不再追求菜系的丰富，而是做减法，重点研发精致化和简单化的菜品。例如雕爷牛腩，共有十二道菜品，虽然也在不断地研发创新，但着重于优化现有菜品的结构，而非增加新品种。随着移动互联网时代的到来，消费者将更依赖于用手机浏览餐厅，选择菜系，进行下单，而精致化的菜品更加适合手机屏幕小的特点。

价格亲民化

北京的武圣羊杂汤餐厅，由于价格合理，一般人均消费在 20 元左右，吸引了大量的消费者，并且其市场定位精准，为白领提供午餐，因而迅速在餐饮业中崛起。

自 2009 年营业到 2014 年，武圣羊杂汤已经拥有了 50 多家门店，老板的身价也过亿元。而在 2014 年，皇家鸡排也从十几家店扩张到 150 家，而皇家鸡排之所以能迅速领先于同行，是因为其出餐的速度非常快，节省了消费者的时间；此外，与武圣羊杂汤相同的是，它的价格也比较亲民，在消费者能够接受的范围内。

服务自助化

哇哇鸡是由一位“80 后”创办的餐厅，位于四川成都。在创办哇哇鸡之前，他还发明了香锅品类，随后香锅风靡全国。目前，他又开始经营麻辣烫品牌，采取服务自主化的经营模式，点菜、买单、支付完全由消费者自助完成。

业态多元化

随着互联网的兴起，外卖渐渐兴起，但是餐饮业的门店会依然存在，它不仅是消费者就餐的场所，还是消费者交流沟通的社交平台。外卖的存在主要是满足消费者不想出门的需求，而餐厅的门店才是消费中的主体。

自提、闪吃、团膳、社区餐、老年餐、婴幼儿餐、孕妇餐等多样化的餐饮业态满足消费者的长尾需求。其中，闪吃的出现是迎合互联网的在线支付功能，而在互联网拥有支付环境之前，只有熟客才能到店就餐，通过电话订餐省去等餐的环节。

管理标准化

餐饮企业在经营时，需要规范化管理，完善企业的管理流程，同时，为菜肴的成分、衡量方式、准备方法、烹饪温度、烹饪时间、分量、出菜量及所用设备等制定相应的标准，为消费者提供统一的就餐服务。此外，加强对企业内部员工的管理以及管理者自身素质的提升，实现企业发展的流程化、标准化。

大数据时代的模式转型："大数据＋餐饮"的 8 大经营策略

"大数据＋餐饮"的 8 大经营策略如图 3-2 所示。

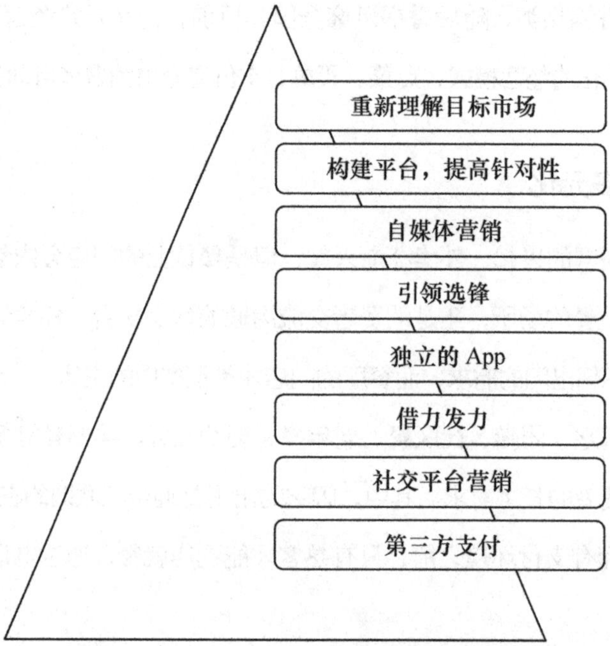

图 3-2 “大数据+餐饮”的 8 大经营策略

重新理解目标市场：粉丝数量决定企业的发展前景

2013 年，韩剧《来自星星的你》风靡很多国家，不仅在影视界，它的影响力甚至辐射到餐饮、服饰设计等行业，很多粉丝热衷于抢购该剧中角色的穿戴用品，如女演员穿的服装品牌及款式、男主角最喜欢的书籍，等等。总之，这部韩剧捧红了很多东西，很多情侣会在下雪的时候相约去吃炸鸡搭配啤酒，忠实粉丝们除了追捧剧中演员，也拉动了餐饮类企业的经济增长。

究竟是什么原因使这些忠实粉丝追星至如此地步呢？从韩剧引发的消费大潮中，我国的餐饮企业又可以获得哪些启发呢？

如今，对企业的发展来说至关重要的就是粉丝，能够获得消费者的青睐才能保证自己的竞争地位，而粉丝之间的传播效应是企业提高影响力的一大法宝，能够提高企业在用户群中的知名度。消费者也是传播者，在消费过程中，他们会把产品信息分享到自己的微信或QQ空间里，这样会为该产品带来更多的消费者，这其中蕴藏着巨大的商业价值。可以说，粉丝用户在消费群体占据中心地位。

餐饮类企业要想建立自己的品牌并发挥其影响力，离不开粉丝用户的支持。潜在客户群中最优质的便是粉丝用户，他们对这种品牌的商品倾注了主观情感，即使产品不够完美，他们也能够包容。在网络普及程度不断提高的今天，建设品牌的同时也在管理粉丝群体，充分利用粉丝的传播效应，提高品牌知名度。

构建平台，提高针对性：找到消费者需求

数据挖掘是大数据应用中最重要的环节，信息处理的前提是优质的信息挖掘。企业想要提高自己的竞争地位，就要掌握更多的信息和消费者。数据中包含各个方面的信息，餐饮企业应该重视数据平台的建设，小规模企业同样不能忽视。

通常情况下，线上用户的数据包括行为、信息和关系三个层面，对数据信息的挖掘和有效整合，能够增强企业决策的科学性和正确性，如图3-3所示。不仅是知名度高的企业，小规模企业也应该掌握数据资源，一方面要掌握数据信息，另一方面，要学会利用合适的信息处理工具。

餐饮行业一般不会整合像大众点评、淘宝这一类网站的数据，如果要分享他们的信息，就要支付费用，这样并不实惠。最好的办法是餐饮企业建设独立的数据平台，有专属的CRM系统，独立运营线上平台和移动端的应用系统，如此，企业就能掌握消费者的大量数据，包括消费者光顾的频率、对

产品的喜好等，并形成自己的管理体系，能够通过数据处理来提高企业决策的科学性。

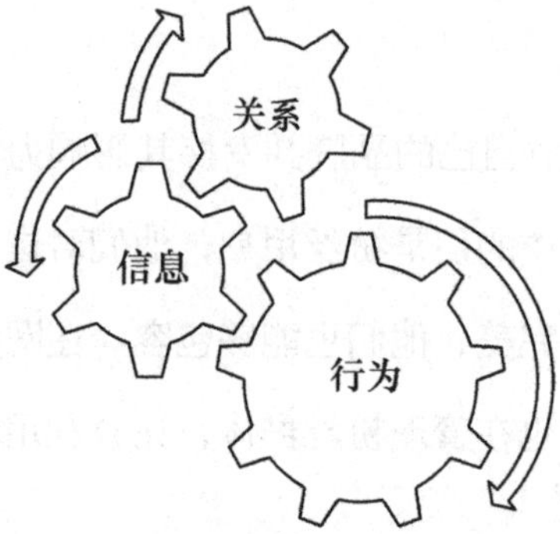

图 3-3　线上用户数据的三个层面

自媒体营销：商家与消费者都能够满足需求

如今，自媒体的应用不断普及，越来越多的餐饮类企业加入到自媒体营销行列中。什么是自媒体呢？我认为，Chris Willis 和 Shayne Bowman 的阐述比较全面，自媒体也就是“We Media”，是在网络技术的发展下产生的，其使用者多为大众群体，从根本上来说，就是一个线上平台，用来传播信息，用户不但是受传者，也是信息发布者和传播者，很多社交应用程序都可以作为其传播载体（QQ、微信朋友圈、人人、Facebook 等）。其中包含大量的用户信息。

正如菲利普·科特勒所说，随着自媒体的发展，商家与消费者交流互动的方式已经由报纸、杂志及横幅广告转变成网络平台的交流，自媒体拓宽了企业营销的渠道，丰富了其营销方式。

自媒体对用户的要求不高，任何用户或企业单位都可以在注册完成之后在自媒体平台上传播信息，用户不仅被动地接收信息，也可以自己编撰信息。而且，其操作过程也很容易，只要有可用的移动终端或电脑设备和互联网覆盖，就能在平台上进行信息传播。

另外，自媒体的即时性效果好，用户的参与度也较高，用户利用自媒体突破了时空的限制，信息传播速度快，传播者和受传者能够进行即时互动。同时，多数自媒体平台都允许用户在浏览信息的同时进行转发，若某餐饮企业发布的信息足够吸引人，大量的信息转发能够扩大其传播范围，用户只要进行简单的操作就能完成转发过程，将此信息分享给更多的用户，大大提高该产品或品牌的影响力和知名度。

再次，传播学中的意见领袖在企业信息传播中发挥着重大作用。意见领袖的主动权大，能够对周边的受传者起到很大的感染作用。若某经营者致力于扩大产品和品牌的影响范围，就要充分重视自媒体平台中的意见领袖。

美国的 Tribeca Grill 餐饮企业，坐落于纽约的曼哈顿，自 20 世纪 90 年代建成以来，该企业虽然屡次遭遇危机，但始终保持着其竞争力，著名电影演员和制片人 Robert De Niro 父亲的绘画作品让餐厅吸引了更多的消费者，其内部管理人员也曾明确表示，他们在初创时期确实利用了名人效应的驱动，使得很多消费者在短时间内就知道了该餐厅的存在。

引领先锋：利用先进技术方便消费者

餐饮类企业是传统经营模式的实践代表，多数消费者会选择现场体验和消费。确实，就算互联网技术再发达，人们还是需要吃真实的食物才能生存。不过人们的消费行为也随着互联网的不断普及而发生了转变。

如今的餐饮类企业更加致力于在经营过程中增强消费者的体验。借助于互联网平台，餐饮企业能够大大提高消费者的参与度，既可以建设一个企业自己的微信平台，也可以推出自己的手机应用程序，允许消费者在线上选择菜品、交易和消费后的信息反馈，用户操作简便，餐饮企业也能够通过这种方式节约人力，降低这方面的成本消耗。

+-

不同的人对比萨的喜好不同，按照传统的经营模式，很难做出人人满意的比萨。但是如果转换一下经营思路，这种想法还是有可能实现的。可以引进能够让用户进行自主选择与搭配的智能桌子。

在形状上，这些桌子与普通的餐桌并没有多大区别，不过每个桌子上都安装了触摸显示器，消费者可以进入用户界面，根据自己对比萨的爱好进行自主选择与定义，包括面饼的大小、厚度、细节处的形状、制作馅的材料等，都能由消费者自己来决定。厨师会接收到具体的制作信息，按照消费者要求来提供相应的产品，屏幕会告知消费者需要等待的时间。

这样的经营方式完全是围绕消费者的需求来进行的，以消费者心中理想的外观和口味为参照来制作比萨。这种智能桌视频被放到网上后，有100多万的用户观看了此视频。不仅如此，其系统中还存有游戏程序，在等待比萨做好的这段时间，消费者可以玩游戏作为消遣娱乐。

这种智能桌子的想法需要在未来加以实践。必胜客的管理人员曾表示，这种桌子最初会在美国消费者密集的地区进行尝试性应用，之后再进行更大范围的推广。

假如这种桌子能够在全世界推广开来，那么餐饮类企业将会发生颠覆性的改变。而必胜客对这种智能桌子青睐有加的原因在于，应用这种智能系统能够大幅度减少劳动力方面的消耗。店里安装这种桌子之后，就能够减少点菜员，服务生也不必跑前跑后，企业本身也减少了成本支出。

现实中类似的例子还有黑檀互动饭店，这家餐厅坐落于阿联酋迪拜，他们在店里配有内置触屏系统的互动式餐桌。消费者可以根据自己的爱好选择餐桌的外观搭配，营造独特的氛围，接下来就是选择菜式并点单，这一切都可以通过互动餐桌来完成，而且还能够通过餐桌与厨房中连接的摄像头来查看厨师是怎样制作这道菜的。登录 Facebook 还能发状态，此外，用餐结束后，能线上预订出租车服务。

独立的 App：从在线预订到信息反馈

迄今为止，只有少部分的餐饮企业推出了独立的手机应用程序，如麦当劳、肯德基和必胜客等，大部分同类企业的线上预订是通过与美团网、大众点评网及其他类似的 App 经营商合作来实现的，他们把商品信息和折扣活动发布到这些平台上，消费者可以在线预订、信息反馈，也可以在网上进行交易。

运用智能移动终端订餐和交易的消费者越来越多，推动了餐饮企业 App 的发展，消费者的参与度提高了，也拓宽了餐饮企业的销售渠道。信息反馈功能加强了消费者与餐饮企业之间的互动和交流，消费者的地位大大提高，企业也需要更加重视消费者的意见和反馈信息。

消费者一改之前的被动状态，餐饮结束后会在网络平台上发布自己的体验和评价，不管是积极的还是负面的评价。若正面反馈信息占多数，就会起到良好的带动作用，为企业增加更多的消费者，若负面评价不少，餐饮企业的经营方就需要重新审视自己，对消费者不满意的地方加以完善，不然只能在激烈竞争中被逐渐淘汰。

借力发力：整合第三方平台

如果是传统经营模式向互联网经营革新，或者是新兴创业企业，可能达不到运营独立平台的条件，这时候需要学会借力于第三方平台，餐饮企业的经营是一样的。没有独立平台的餐饮企业并不在少数，他们与其他在线平台达成了合作关系，如餐厅小秘书、大众点评网等，借助这些线上资源来开拓自己的销售渠道。

+-

互联网三大巨头百度、阿里和腾讯在自己深耕的领域逐步建设成稳固的生态体系，这三大集团支撑起来的地图App（百度地图、高德地图和腾讯地图）也成为移动终端服务性App的典型代表。比如，阿里的高德地图与BTV合作推出《美食地图》栏目，也在程序中增加了专项服务，方便用户在旅行或出差途中寻找周边的餐厅和特色小吃。

同时，高德地图和北京文艺广播电台合作打造了《吃喝玩乐大搜索》节目，进一步拓宽了自身的服务，也能提升品牌的知名度和营销效果。不仅如此，升级后的版本更是纳入了多个第三方平台的服务功能，包括大众点评、订餐小秘书、滴滴打车、携程等。这样做能够为餐饮企业吸引更多的消费者，扩大了营销渠道，也方便了用户寻找及选择饮食服务。

+-

社交平台营销：扩大传播范围

近年来，社交媒体主导了互联网。随着Facebook、Twttier等社交网络的盛行，国内互联网也紧随其后，人人网、微博、微信等众多社交媒体不断衍生、火爆。

大量社交媒体的诞生，不仅改变了国内人们的上网行为，同时影响着众多餐饮企业的营销模式，企业纷纷转向了消费者的新聚集地——社交媒体。

社交平台变身餐饮企业营销新战场。在大数据平台的支持下，可以实现社交媒体的用户作为消费者的市场细分，从而将餐饮企业在公共社交平台上的营销的精准性大大加强。只要餐饮企业的产品没有质量的瑕疵，没有食品安全的担忧，总会有人喜欢。

因此需要了解消费者在哪里活动，是否喜欢该餐饮企业产品，然后看可不可以给他们提供额外优惠，并鼓励他们向朋友群或者在社区分享他的购物消费经历。如果餐饮企业的消费群里面有意见领袖或者知名博主、有影响力的人，可以与这些意见领袖合作，通过他们的公信力扩大产品的社会影响，以此引导、推动社会消费。

如今，社交平台的重要性不可言喻，海外国家以 Twitter 和 Facebook 为代表，QQ、微博、微信等是在我国拥有广泛用户基础的社交平台，随着社交平台的兴起和其应用的普及，大众用户的上网习惯呈现出新的特点，而餐饮企业的经营方式也随之发生了改变，众多餐饮企业将社交平台的用户群作为自己的潜在开发客户。社交平台也成为他们争夺的领域。

第三方支付：餐饮企业应用网络金融

调查结果显示，在我国，可以在手机应用程序上预订餐饮服务的店家约为27%，一些企业还联手团购网站来吸引消费者，如麦当劳、德克士等。如今，互联网还在不断发展和普及，网络金融也得到餐饮企业的重视，而大众熟知的第三方支付，如微信支付、支付宝支付都陆续推出 App，消费者只要登录线上平台，就能实现点餐、预订、叫外卖，也可以在线上交易。应用第三方支付平台，餐饮企业能够与消费者更加方便快捷地进行交易与互动。

互联网餐饮 VS 实体餐饮：跨界协同，实现“1+1 > 2”效果

餐饮行业是一个由多个部门相互协调而组成的长链条行业，从原材料的选择、价格的把控、库房物流、进货验收、产品生产及销售，到最后的门店服务售后，这一系列过程都需要各个部门的把关及相互合作。

互联网餐饮离不开线下资源，实体餐饮离不开线上工具，二者相辅相成，缺一不可，如果双方不能实现系统性的融合，很有可能就会导致“1+1<2”的窘迫局面。

在 O2O 浪潮的席卷之下，互联网人将目标市场锁定在了人们日常生活中最为常见的餐饮业。同时，这些人也遭受到大众的质疑，被人们贴上了夸海口、不靠谱等不好的标签。但是，事实上这些互联网人的出现，的确给那些没有独特风格的传统餐厅重头一击，让他们身处时代大潮的危险之中。也就是说，如果传统餐厅的成功靠的是热情和经验，那么，现在开餐厅靠的则是资本和营销。

由此可以发现，传统餐饮人更加追求产品的品质与服务，将每一步都做到位，做到细致；而互联网餐饮追求的是品牌效应，利用资本的钱，改变用户的习惯。这两种餐饮方式从本质上就截然不同，互联网餐饮的出现改变了整个餐饮行业的格局。

汤城小厨的创始人黄俊宇曾表示：“传统餐饮和互联网餐饮都有属于自己的

客户群体，有些客户有着良好的生活习惯，追求生活品质，而有些客户比较懒，不太注重生活质量，慢慢地，客户就会自然而然地找到属于自己的那个群体。互联网人确实给传统餐饮人带来了一定的压力，两者相融也是未来餐饮行业发展的趋势。"

坚守产品底线，做"互联网 +"热潮下的"明白人"

就在前两年，互联网企业开展得如火如荼，气势迅猛，一两家小小的煎饼店借助互联网平台就可以在国内造成一定的影响；看着没有什么实力地吹大牛，在一两年内也能赚取个十亿八亿，这着实让不少的传统餐饮人看着心里很不是滋味。

虽然现在越来越多的年轻人习惯了互联网订餐，但国人吃饭还是比较注重味美和彼此之间的交流。

+-

汤城小厨从 2007 年成立到 2015 年，在全北京共有 17 家直营店，也正是凭借着其自身独特的产品口味和稳定的商圈写字楼布局一直红火到现在。

事实上，在餐饮业中，不管是"互联网 +"、O2O，还是传统餐饮，产品质量仍然是决定企业成败的关键，而营销只不过是一时用来吸引消费者消费的手段，最终能否留住消费者还要看产品是否真正让消费者满意。而互联网餐饮只有依靠口碑才能得到消费者的信赖，留住客户，口碑传播比互联网传播更能得到忠实的客户。

尽管如此，汤城小厨对互联网的营销方式也表示无可厚非，在不触碰产品质量底线的情况下，汤城小厨也开始利用互联网进行营销。目前，汤城小厨在线上有产品外卖，在线下有产品销售，虽然这一步走得谨慎缓慢，但互联网毕竟是促进产品销售的一种工具，它永远也取代不了产品质量的重要位置。

餐厅可以通过营造一个温馨、浪漫而又舒适的环境，让消费者流连忘返；互联网则凭借自身的优势为餐厅带来很多分销渠道，让更多的消费者了解企业。二者都有优势，所以，汤城小厨现在实行“两步走”战略，既通过外卖渠道增加产品销售量，又坚持做好餐厅这一传统营销。

+-

居安思危，传统餐饮如何转型

餐饮作为一个复杂的长链条行业，包括从原材料的选择、价格的把控、库房物流、进货验收、产品生产及销售，到最后的门店服务售后，这一系列的过程都需要各个部门的协调、配合。因此，互联网人要想在餐饮业大行其道并不是一件轻而易举的事。

一般来说，传统餐饮做好至少需要几年的时间，而互联网餐饮则大大不同，从推出到为消费者熟知经常只需要短短的几个月。因此，如果互联网餐饮能够保证产品的质量的话，那么传统餐饮业必然会面临更大的市场压力。

那么，传统餐饮与互联网餐饮怎样才能相互促进，共同发展呢？以下有三点建议。

（1）创新是维护传统餐饮行业继续向前的原动力

产品老套、品牌不够强硬，这些都成为餐饮企业发展的重大障碍。企业产品不能不创新，但也不能随意创新。在互联网时代的影响下，企业要清楚自身产品的优势所在，不要被那些浮躁的想法桎梏，在保持原有特点的情况下，对产品进行创新，做到极致，用产品自身的独特性赢得用户的青睐。

（2）定位好自己的目标客户群，积极维护品牌形象

现在的“90 后”“00 后”是在瞬息万变的互联网时代下成长起来的，他们接触的东西几乎没有什么是一成不变的，所以，餐厅如果一味地坚持原来的菜式和格调，自然很难受到新一代年轻人的喜欢。

（3）积极与互联网融合

与粉丝、新媒体做好对接，学习运用互联网技术对餐厅进行定位，学习整合更多的资源，为客户提供更优质的服务，留住忠实客户。

传统餐饮 VS 互联网餐饮：线上线下融合不是想象得那么简单

如果说互联网餐饮将对传统餐饮造成颠覆性的毁灭，这的确是言过其实，但互联网所带来的营销方式的改变将会持久存在。实体餐饮需要互联网这一线上工具，互联网餐饮需要实体店这一线下资源，二者只有相互融合才能对现在的餐饮业发展起到良好的促进作用，否则只会造成“1+1<2”的窘迫局面。

其实，传统餐饮人早已发现互联网所带来的这一系列的改变，他们也在努力学习互联网，希望能为自身企业的发展带来有利影响，但是，二者的融合并非一件简单的事，原因主要有以下两点。

（1）传统餐饮人不具备互联网基因

要想熟练运用互联网技术，就必须请大批互联网人。而互联网人通常会选择自己认为比较有发展前途的 IT 公司，很少有人愿意到传统餐饮公司工作，因为他们认为餐饮公司做得再好也只是一个餐饮公司。

（2）双方考虑问题的出发点完全不同

传统餐饮行业认为，要想取得好的营销效果，产品质量以及餐饮环境、服务都是至关重要的，他们更注重的是口碑营销。而互联网行业认为，首先要培养消费者的消费习惯，然后才是产品质量，他们将产品的营销方式放在了第一位。

所以，传统餐饮人与互联网人的想法是有出入的，只有在二者之间找到一个平衡点，才能真正起到促进企业发展的效果，不然，“1+1<2”的尴尬局面是谁也不愿意看到的。

营销篇

Part 4

酒店＋互联网营销：

酒店传统营销模式的变革与转型

酒店营销变革：互联网酒店营销的优势、工具及实施过程

随着互联网技术的不断提升以及互联网在人们工作和生活领域的不断渗透，互联网已经成为人们生活中不可或缺的一部分。互联网的应用不仅带来了工作效率的提升，同时也为人们的日常生活带来了极大的便利。而互联网在酒店行业的应用使其成为酒店营销的一项重要手段，将现代酒店行业的发展推向了一个新高度。

酒店不可移动的属性使其在大多数时候不能直观具体地展现在消费者面前，对于外地的消费者，要想了解酒店的服务状况，必须要在亲身消费以及体验之后才能得知。而具体的体验以及对酒店服务的印象则决定了消费者是否会再次消费。应用了互联网之后，消费者在实际消费之前就可以更好地了解酒店以及酒店的服务水平，这也将决定他们是否实际到店消费。

利用多种多媒体手段，借助互联网的作用，向远在千里之外的消费者展示酒店的各种服务设施以及设备，从而让消费者获得一种身临其境的体验，并最终做出消费选择。利用互联网，消费者可以查询处在任何地点和方位的酒店信息，包括酒店等级、酒店的服务设备、卫生状况、客房价格等，这些信息都将

成为消费者做出选择的重要参考。

互联网酒店营销的优势

互联网酒店营销的优势如图 4-1 所示。

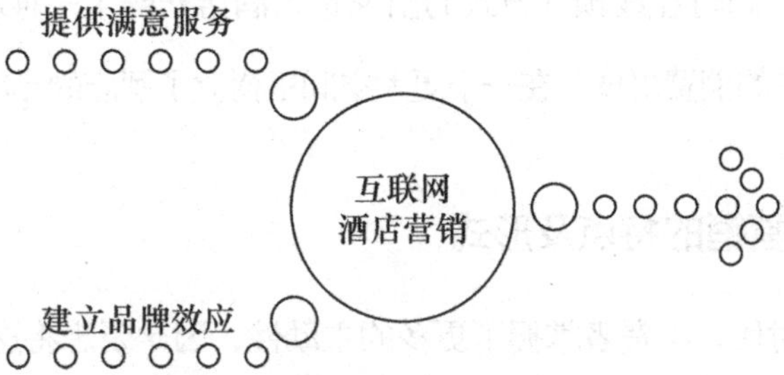

图 4-1 互联网酒店营销的两大优势

（1）捕捉客户需求，提供满意服务

酒店作为一个服务行业，最根本的目标就是要让客户满意。要实现这一点就应该具体掌握客户的实际需求，包括客户在什么时间、什么地点、需要什么样的服务。而通过客户的网络订房行为以及互联网平台上的互动信息，酒店可以详细了解客户的需求状况，从而据此为客户提供个性化的酒店服务。

借助互联网所实现的方便、快捷的订房手段，不仅为酒店笼络了更多的网络客户资源，同时也可以对这些网络客户资源实现计算机管理，通过对客户行为数据的分析抓住其需求痛点，然后通过个性化的酒店服务打动他们，从而为酒店挖掘更多的潜在客户，抢占更多的市场份额。

（2）提高酒店的行业竞争力，建立品牌效应

信息是酒店的重要战略资源，同样也是酒店在行业竞争中的重要武器。借助互联网平台，酒店可以获得和掌握更多的客户资源和信息，从而形成自己的竞争优势。

品牌在互联网营销中扮演着重要的角色，拥有自己品牌的酒店在向客户提供酒店服务的同时，也向客户传递品牌的服务理念，从而让客户对酒店服务形成一个品牌形象，促进品牌服务的传播，提高品牌的影响力。

在线预订可以将酒店的客户预订服务覆盖到更广阔的范围内，真实实现了异地客房销售，同时在线预订方式的出现也为酒店开辟了一种新的客源渠道，挖掘了更多潜在的消费群体，在一个更大空间里树立了酒店的品牌形象。

互联网营销的特点及形式

在互联网时代，消费者掌握了更多的主动性，因此要想将这些消费者变成自己的客户，应该在他们上网浏览以及选购商品之前就建立自己的品牌形象，这样才有可能引导消费者主动到酒店的网址中去搜索和浏览信息，这样酒店的信息和服务才能准确地传达给消费者，从而有机会将浏览的消费者变成自己的客户。互联网营销的形式主要分为以下几种，如图 4-2 所示。

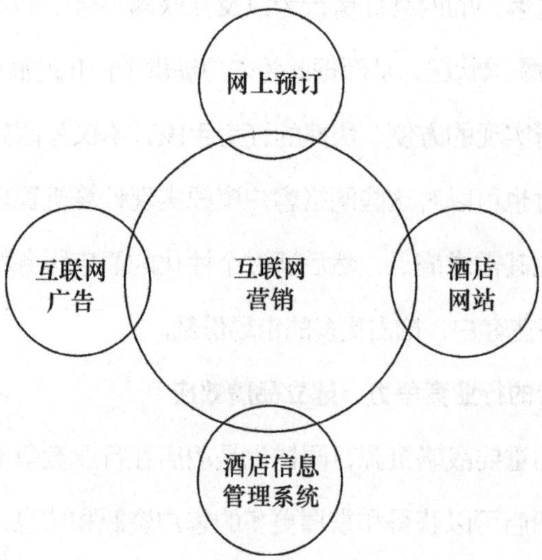

图 4-2　互联网营销的 4 种形式

（1）网上预订

网上预订的方式不仅可以提高接收订单的效率，同时可以缩短订单处理的时间，减少失误，提高客户的体验。利用在线预订，订单会被迅速转移到订单处理点，节省了时间，简化了订单处理流程，让营销人员可以有更多的时间和精力开展更多的销售业务。

通过各种多媒体手段，将酒店的客房功能、设备等展示给消费者，消费者在网上预订房间的时候除了填写具体的入住时间以及选择的房间种类之外，还可以根据自己的一些习惯特点对酒店提出一些特殊的要求，从而在实际入住的时候享受更贴心以及个性化的服务，不仅有利于提高客户的消费体验，还能增强他们对酒店品牌的忠诚度，通过口碑传播带来更多的客户资源。

酒店还应该设计一套可以让消费者查询订单处理情况的软件系统，让消费者在下单后随时了解订单的执行情况。对于匆忙做出决策的消费者，还应该给予他们一定的时间来根据自己的实际需要和习惯更换服务或者修改订单。在消费者对订单确认无误之后，酒店还要与客户保持密切的联系，一直到客户实际到店消费。

（2）酒店网站

酒店网站应该为消费者提供更加全面的酒店信息，从而可以让消费者自行查询以及选择。客户以酒店提供的定制化的产品和服务为参考，决定是否购买，此外，客户也可以查询自己以前的消费记录。酒店员工还应该与客户保持通畅的沟通联络，随时了解客户的需求变化，以便对服务及时做出调整。

酒店应该拥有自己的独立网站，将互联网营销落到实处，降低对在线预订系统的依赖性，同时也开拓了新的互联网营销渠道，有利于提高酒店的销售量及对互联网营销的管理水平，增强品牌意识，加强客户资源管理。

此外，酒店也会拥有更多的独立自主权，可以自主定夺酒店的价格，有利于满足酒店的定位需求，为其长远发展战略奠定坚实的基础。借助互联网所带来的方便、快捷的通信方式，酒店也可以开展产品使用的跟踪服务，及时帮助客户解决问题，以此提高网络站点的访问率。

酒店在建设网站的时候应该在互联网平台上构建一个宣传的“窗口”，凸显自己的特色和优势，引导客户主动与酒店互动。网页设计应该兼具特色化和实用性，给消费者一种更直观的体验。在在线订房形成一定规模和效果的时候，就开始对网站进行后期维护以及推广。

酒店网站的建设，一方面可以让消费者事先了解到即将入住酒店的位置、客房价格、客房类型等，并通过虚拟客房充分体验酒店的产品和服务。另一方面，酒店可以通过网络信息平台了解客户的需求以及习惯，并提供高度定制化的产品和服务，从而提升酒店的服务，让客户在消费中获得极致的满足。

（3）酒店信息管理系统

酒店营销部要设立营销信息系统管理职位，利用先进的计算机管理系统，实现营销部与前台部门及后台需要的部门之间的网络和信息共享。借助互联网的力量对酒店进行宣传推广，抢占更多的线上资源。从而为酒店内外信息的收集以及传输提供重要的保障，而且将各个部门利用互联网连接起来，可以增强各个部门之间的合作和配合，更好地满足客户的需求。

从客户的需求出发来设计和运作酒店网站，不仅是营销部门的工作，酒店的其他部门也应该加强配合，改革或调整自己的业务操作流程，适应客户的服务要求。营销部还要定期、有计划地对市场进行调研，广泛收集市场信息，包括整个酒店行业的发展动态、竞争酒店的经营状况、客源的动态信息以及客户需求的变化等，从而为酒店业务以及服务的调整提供重要的依据。

（4）互联网营销的广告策略

广告的目的就是为了促进酒店服务和产品的推广营销，提高酒店的品牌形象，在牢牢抓住老客户的同时吸引更多的新客户。互联网在酒店行业的应用，就是为其带来一种新的广告营销方式：

+-

★与其他网站建立连接，增加酒店网站的点击率；

★可以利用网络新闻或论坛实现广告的目标，比如在某个组织中发起一个话题，将感兴趣的用户吸引到组织中去，通过相关的话题讨论，巧妙插入广告，将广告的内容融进话题讨论中去，或者是直接选择一个恰当的位置展示广告；

★锁定潜在客户群，通过电子邮件的方式将广告信息发送给他们。

+-

与传统的广告形式相比，互联网广告最大的优势就是成本低，互动性强，传播更快、更广，而且能够发挥桥梁的作用，帮助酒店与客户建立一对一的营销关系。酒店与客户之间的强互动关系使得广告能从消费者的角度开展广告营销，更容易受到消费者的欢迎和打动消费者。

酒店互联网营销的实施过程（图 4-3）

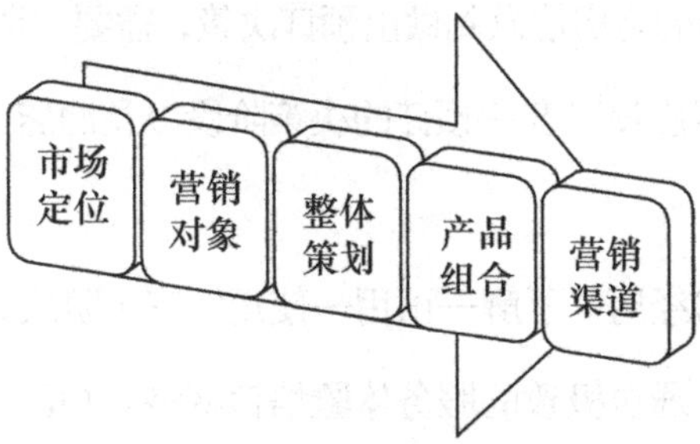

图 4-3　酒店互联网营销的实施过程

（1）酒店互联网营销的市场定位

互联网营销具有双向性的特点．因此酒店不仅要收集了解网络客户的信息，同时要思考自已的产品是否能够满足客户的需求。酒店可以先通过网站窗口，了解客户群体的特点以及客户的需求。比如，在了解客户需求信息的基础上，确定要放在网上销售的客房产品以及网上的市场目标，从而为互联网营销提供重要的指导。

（2）酒店互联网营销的主要对象

针对的对象主要是在互联网虚拟市场上可能会产生购买行为的客户群体，从酒店的产品以及服务特点出发，锁定营销对象，并通过设计和制作网站内容，吸引这些客户群体的关注以及访问。

一般来说，酒店所面向的客户群体主要包括年轻人客户群体、休闲度假型客户群体、商务客户群体等。在锁定这些网络营销对象之前，酒店首先应该了解这些客户群的分布状况，并最终确定网络营销的主要对象。

（3）酒店网络营销的整体策划

开展互联网营销目的就是提升酒店的知名度，获得一部分能忠诚于酒店品牌的客户群，同时能在近期内为酒店带来客房的在线预订量。而互联网营销关键就是具体信息内容的设计。

客户从浏览酒店的客房信息到做出预订决策，需要一个持续多阶段的过程，因此互联网营销内容应该以客户预订的决策阶段以及酒店产品周期的不同阶段作为重要参考依据。

客户的在线订房经历“了解—试用—使用”三个阶段，因此酒店经营者要从每一个环节入手，通过极致的服务体验培育网络客户群，从而帮助酒店使酒店客房在线预订顺利走过培育期、成长期，进入较为成熟的发展阶段。

（4）酒店互联网营销的产品组合

互联网营销活动包括互联网广告和酒店网站，互联网广告和酒店网站主要的功能就是宣传推广以及信息收集。酒店也可以通过多媒体网络组合产品开展行互联网营销。

此外，互联网广告及酒店网站的交叉组合，也有利于提升互联网营销效果。利用互联网广告吸引和稳定网络客户群体，通过有特色的网站信息内容设计，吸引更多的潜在客户群体。

（5）酒店互联网营销的营销渠道

要想通过互联网营销获得成功，对营销渠道的科学、高效管理是至关重要的。除了自建订房系统以及酒店网站外，还应积极开拓其他的互联网营销渠道。

互联网经济的火爆使得互联网领域出现了越来越多的互联网推广资源，从而为潜在客户的信息提供了更多被利用的机会，同时也增加了互联网营销信息传递渠道，提高了酒店互联网营销的成功率。为了在互联网上树立良好的品牌形象，酒店就需要与各个营销渠道保持通畅的信息沟通以及协调，从而实现酒店在互联网营销上的一致性与统一性。

酒店互联网营销的发展趋势

（1）博客、微信、网站营销和视频广告的深度发展

前几年，博客确实在营销领域火了一把，但是此后由于微博的局限性，微博的营销功能逐渐落后于微信。微信和网站将成为主流的互联网营销方式。

微博营销是酒店互联网营销的组成部分；微信则将会推动互联网营销进入全民营销时代；视频广告会成为互联网营销中一个新的竞争焦点。酒店通过视频可以向消费者生动、形象地介绍酒店的情况，这种直观地满足客户视觉的广告形式更容易受到消费者的欢迎，未来，视频类网站将得到井喷式增长。

（2）优化酒店网站

酒店网站的优化已经成为酒店开展互联网营销的必然要求，如果在创建网站的时候没有体现网站优化的策略，在互联网营销水平日益提升的环境之下，酒店网站将很难建立自己的竞争优势。

因此越来越多的酒店开始意识到要具备网站优化的思想。优化网站不仅是针对搜索引擎排名进行优化，还包括对网站功能、网站结构、网页布局、网站内容等的优化，为客户的信息获取提供便利。通过网站的优化，更好地向客户传递有效的互联网营销信息，发挥其互联网营销价值，提升酒店的知名度以及影响力，从而开辟更大的市场空间。

未来，互联网营销将不再局限于网站建设以及推广等常规性的内容，对互联网营销的关注也不再仅仅停留在访问量以及短期收益上，而是将其视为一种提升酒店营销竞争力的全局性策略。

互联网用户数量的持续飙升，使得互联网营销成为推动酒店行业发展的一种重要手段，这也预示着互联网营销将成为未来酒店行业在营销方面的一种必然趋势。互联网营销不同于市场营销的延续式发展，因此酒店的经营者应该具备长远的战略目光，制定合理的计划以及步骤，有条不紊地开展互联网营销。

（3）互联网营销整合资源

开展互联网营销，除了在自己的网站上推广自己的产品之外，也可以联合其他的商家，借助对方的资源以及力量推广产品，利用新型的媒介类型开展线上销售活动，为酒店带来利润。

互联网酒店模式中的 4P 营销理论：产品＋价格＋渠道＋促销

所谓的酒店互联网营销就是在酒店的营销管理上运用互联网思维，借助互联网提供的便利化平台宣传酒店产品的一种营销模式。目前，我国的一些一线城市，如北京、广州、深圳等已开始将互联网与酒店营销管理相融合，并在线上开通商店专业预订业务，如中国酒店预订热线、中国酒店预订网等。

目前，我国的“互联网＋酒店营销”模式还处于初级阶段，许多环节还存在一些问题，如页面链接慢、网页设计粗糙、单调等。下面，我们就从麦卡锡的 4P（产品、价格、渠道、促销）理论着手，以酒店客房为例，谈一下中国的酒店行业应如何借助互联网的优势进行酒店营销管理，如图 4-4 所示。

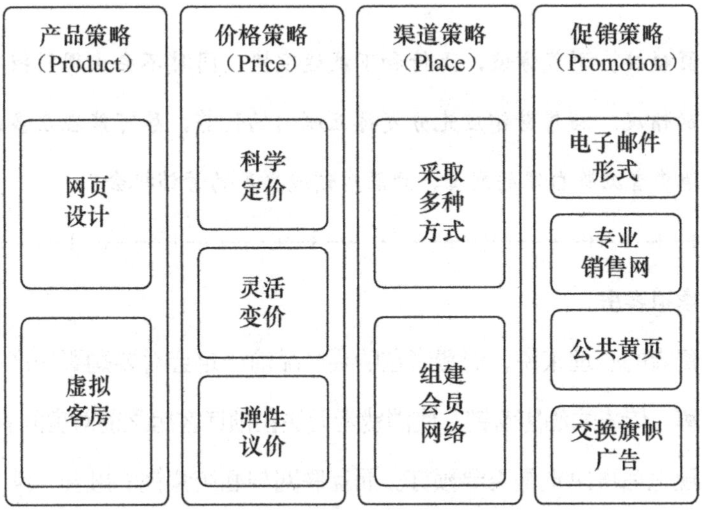

图 4-4　互联网酒店模式中的 4P 营销理论

产品策略（Product）

在互联网时代，客户在网上浏览酒店的客房信息，再做出是否入住的决定；而酒店的网页如果设计得好，也会吸引大量的消费者预订。因此，做好网页设计和虚拟客房是酒店产品策略的关键。

（1）网页设计

概括来说，酒店的网页设计要以设计精致和操作方便为准则，具体应注意以下几点。

+-

★**酒店主页**。以强烈的视觉冲击力给消费者留下深刻的印象。

★**网页结构**。布局合理，层次分明。消费者能在较短的时间内，找到自己所需要的服务功能。

★**网页内容**。全面，重点突出，消费者所要了解的信息，都可以在网页上找到。

★**网页链接**。浏览方便，上传和下载速度快，同时不会出现死链接以及调不出图形的情况。酒店营销应充分发挥互联网的优势，尽可能在众多的酒店网页中吸引消费者浏览自家的网页，为酒店创造更多的营销机会。

+-

（2）虚拟客房

从消费者的心理来说，消费者在购买产品前一定会对要购买的产品有一个大致的了解。传统的酒店营销，使消费者无法在预订客房之前对房间有所了解，只能在参观之后再决定是否要预订。而互联网与酒店营销的融合，满足了消费者的需求。

酒店可利用互联网构建一间虚拟客房，让消费者在预订客房之前，就对所预订的客房有一定的了解，并且还可以在虚拟客房里根据自己的喜好进行设计，从而使酒店在线上线下为消费者提供满意的服务。

+-

消费者参观虚拟客房的操作非常简单，只需点击酒店主页的醒目按钮，就可进入一个立体空间，即虚拟客房，从而实现自主设计和参观客房。

首先在屏幕上出现的是酒店的服务员，她面带微笑地带消费者参观客房，并会开窗、沏茶、开音乐；在消费者享受音乐、茶点的同时，服务员便会介绍酒店的相关情况。屏幕上也会同步出现字幕、客房全景、家具设备、房顶装饰、地板花纹等，方便消费者观看，了解客房的详细信息。

在展示完毕后，可以自行选择讲解的进度，消费者可以点击鼠标，在酒店主页上查看其他的服务项目，如了解客房按钮的使用方法、远眺窗外景色。

+-

通过虚拟客房，消费者可以在预订之前就对所定客房有所了解，如果觉得满意，再确认预订即可。如果消费者对客房的一些设施，如窗帘的颜色、屏风的摆放位置、楼层的高低等不太满意，可以把自己的意见输入计算机，然后就会得到酒店的答复。如果酒店能够满足消费者的要求，会再次邀请消费者进入虚拟客房体验，消费者就可以看到自己设计的客房，房间内的所有布局都是按照消费者的要求进行摆设的。

价格策略（Price）

价格是酒店营销管理最为关键的因素，也是消费者最为关注的问题。互联网的发展，为人们的生活提供了便利，消费者可以从互联网上了解酒店客房的详情，但是也将客房价格暴露在竞争对手面前。酒店在通过互联网制定价格策略时，要注意以下几点问题。

（1）科学定价

“互联网 + 酒店营销”模式降低了酒店的经营成本，因此，酒店也有能力降低客房价格。由于互联网的发展，消费者可以在网上看到其他酒店的客房价格，一定程度上也增加了客房价格的透明度。建立合理的价格体系，科学定价，则能够消除消费者在客房价格上的疑虑，让消费者放心预订，从而增加酒店的房客流量。

（2）灵活变价

互联网的发展为酒店及消费者提供了便利，提高了客房价格的透明度，但酒店也因此面临着竞争对手的冲击。建立客房价格自动调节系统，可以有效避免风险。酒店按照淡旺季的不同消费者流量，制定不同的客房价格，在保证盈利的基础上，自动调节价格，并举办一些优惠、折扣活动，吸引消费者。

（3）弹性议价

弹性议价并不等同于讨价还价，如果消费者以不同的价格预订了同一档次甚至同一间客房，那么消费者必定会对酒店的声誉产生怀疑，从而影响酒店的口碑以及日后的发展。

这里的弹性议价主要是指酒店与消费者通过互联网进行商讨，双方共同制定一个合理的客房价格。消费者可以在酒店主页上输入自己认为合理的价位、所需客房的楼层、朝向等选项，然后酒店就会针对消费者的要求为其提供满意的客房。

例如，消费者想订一个价格低于 250 美元、四楼的标准间，而酒店位于四楼的标准间价格是 260 美元，这时，酒店就可与消费者进行协商，制定一套让

两者都满意的方案。如果本次消费者愿意以260美元入住，并确定以后还会常来，那么消费者下次就会以更优惠的价格入住酒店。

+-

这种方式比传统的服务员报价，然后消费者与之商讨省去了很多麻烦，同时也比消费者在网上浏览，选择符合自己要求的客房要简单、快捷。这种方式既能够节省时间，又可在消费者耐心耗尽之前完成预订。

渠道策略（Place）

从销售渠道来看，互联网成为酒店营销的主要渠道，因此，酒店应不断完善和改造这一渠道，可以采取多种方式，如建立会员制，为会员提供免费的服务和产品，以吸引众多的消费者预订。下面，我们就以组建会员网络为例，具体介绍酒店应该怎么做。

+-

会员网络是企业在虚拟组织的基础上建立的网络团体，可以免费享受会员服务。通常来说，酒店的会员网络由来酒店住过的消费者与常客组成。酒店为了他们交流方便而专门建立了会员网络，通过消费者与常客的交流，培养他们对酒店的忠诚度，并以此形成用户黏性。在酒店营销过程中，每一位消费者都参与进来，共同促进酒店的发展。

★在售后服务上，当消费者离开酒店后，酒店的相关人员会通过消费者入住的登记信息，发E-mail询问消费者对酒店的意见，以表示对消费者的关心和重视。

★酒店会将消费者的信息进行分类，如从事相同的职业、来自相同的城市、处于社会同一阶层等，为他们提供彼此的联系方式，促进消费者之间相互交流沟通。

★在节假日，酒店会通过互联网向消费者发送节日祝贺以及精美的贺卡，在平时也会通过E-mail与消费者联系，如发送酒店最新推出的服务项目，征求消费者的意见，对酒店重新设计等。酒店以这种方式表达对消费者的尊重和重视，从而为消费者留下深刻的印象。

+-

促销策略（Promotion）

只有酒店的网页拥有巨大的用户访问量，酒店营销才可能提高业绩。因此，**酒店在互联网上的营销又意味着是酒店网址的营销，而酒店在完善和改造网页的同时，也是在提高网站的点击量**。虽然富有冲击力的网页能够吸引消费者，提高浏览率，但要提高消费者购买率，还需要在促销手段上下功夫。下面，我们就介绍几种常见的酒店促销方式。

（1）电子邮件形式（E-mail）

电子邮件形式是会员互联网中常用的一种方式。酒店可以将本店的广告信息以电子邮件的形式发送给消费者，这种方式具有成本低、反馈及时、速度快等优点。但是，酒店为所有入住过本店的消费者发送电子邮件，所发送的内容不一定是所有人都感兴趣的或者需要的，也就容易遭到消费者的厌烦，留下不好的印象。

这时，就需要酒店成立专门的部门，让互联网营销人员对消费者的信息进行严格的审查和分析，选出经常入住本店的消费者，有针对性地投放广告，提高电子邮件的质量，如注意措辞、文字设计、背景图案、布局等。

（2）专业销售网

专业销售网是指建立网站、专门销售某种产品的方式。这种方式的优点是节省时间，消费者可以直接查询。通常而言，访问酒店主页的消费者都有较强的目的性，而专业销售网无疑是最好的选择。

在专业销售网上，消费者只要输入相关的信息，如旅游地名称、酒店等级等，网站便会为消费者推荐一系列符合条件的酒店，消费者就可以点击链接，查询访问，可以为消费者节省大量的时间。但对酒店来说却存在弊端，酒店的网址很可能淹没在大量的信息之间，一般情况下，消费者不会看到链接，点击访问。

（3）公共黄页

公共黄页是专门为公众提供查询服务的网站，如 Yahoo、Infoseek、SOHU 等，消费者只要在查找框内输入关键字，网站就会为消费者提供所需要的信息。但是，公共黄页与专业销售网存在相同的弊端，酒店的网址可能会淹没在众多的信息当中，不易被查找到。

（4）交换旗帜广告

交换旗帜广告就是酒店自己制作一个广告，并归属到酒店行业类型下，然后旗帜广告交换网络就会根据酒店网页图标的被点击次数等量地在其他站点中展示。交换旗帜广告方式的优点在于免费、接触面广、及时统计等，更适合酒店的营销管理；但是酒店自身也应该不断地完善和改进网站主页，以提高用户的点击率。

酒店 OTA 渠道营销：OTA 服务商 5 大类型及营销解决方案

曾经有酒店的经营者向我咨询过这样的问题：在互联网向各个领域渗透的阶段，酒店行业应该怎么应对？酒店行业的互联网营销模式应该是什么样子的？

在我向大家从宏观角度解读酒店互联网营销模式之前，我认为首先应该理一下当前活跃在互联网上的在线旅游服务商们。

在线旅游服务商大致可以分为 5 种类型，如图 4-5 所示。

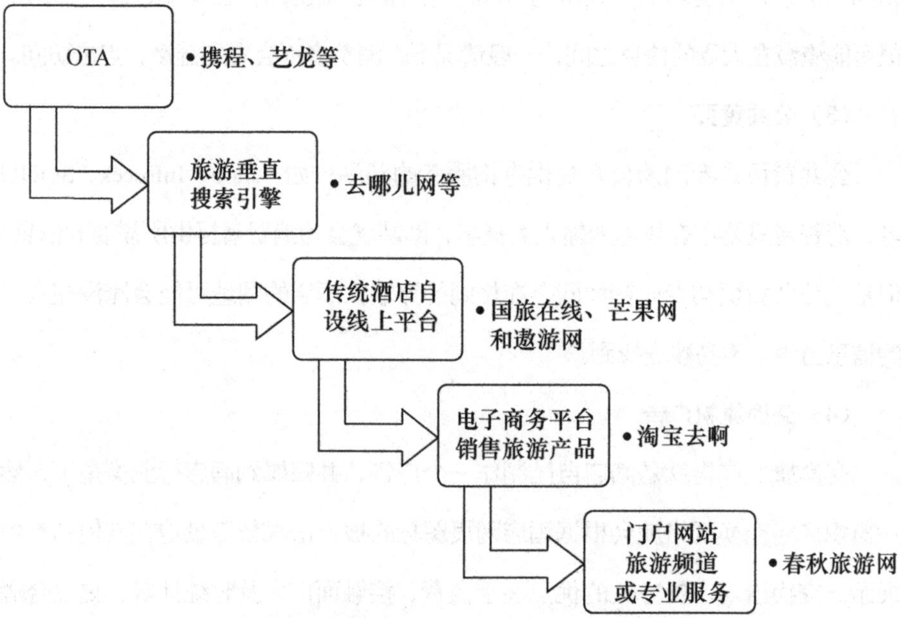

图 4-5　在线旅游服务商的 5 种类型

（1）携程、艺龙等在线旅行社（Online Travel Agency，OTA），依靠“机票 + 酒店”的产品组合模式受到了旅行者的广泛欢迎。他们也凭借这些产品快速地成长壮大起来。虽然这两种产品并不是来自同一个旅游企业，但是 OTA 却是一个统一的交易平台，他们直接与旅游者进行费用结算，并从中抽取一定的利润以及服务费。

（2）利用去哪儿网等旅游垂直搜索引擎，消费者可以搜到来自于不同 OTA 或旅游企业的住宿产品，而这些垂直搜索引擎本身也能够进行交易结算；不过搜索引擎主要的功能还是引导，将消费者带到产品提供商的页面选购和结算。

（3）传统酒店自设线上平台做销售，如国内三大旅行社中国国旅、港中旅和中青旅分别创建了自己的线上平台国旅在线、芒果网和遨游网，而且越来越多的中小型酒店也开始加入了建设线上平台的行列。

（4）利用电子商务平台销售旅游产品，例如，淘宝去啊就是淘宝旗下的一个综合性旅行出游服务平台。

（5）利用门户网站旅游频道或专业服务，如通过百度、谷歌等搜索引擎，为酒店、旅行社等提供一个专业、全面的信息平台，从而帮助其拓展网上业务，如春秋旅游网。

在线营销模式分类

在以上 5 种在线旅游服务商中，服务商的分类、酒店在线营销可做相应归类。其中，第一种和第四种可以划分为中介代理，第二种搜索结果直接连接酒店官网的业务，第三种和第五种可以划归为酒店的直销模式，如图 4-6 所示。

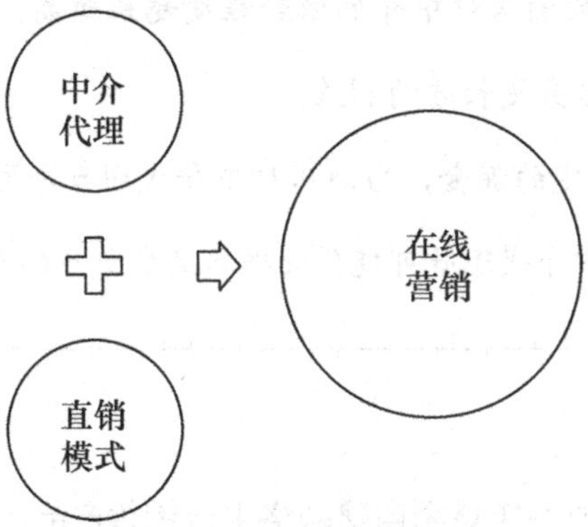

图 4-6　在线营销模式的两大类别

（1）中介代理

是指携程、艺龙等中介代理将酒店的各种信息发布在网站上，并由其开展销售渠道的开发工作，而酒店需要向其支付一定的佣金，中介代理就是酒店网购营销渠道的一种外包形式。以携程为例，携程主要是负责采取各种手段将消费者吸引到互联网平台上，并发挥交易平台的功能，直接与旅游者结算，促成交易。消费者如果点击酒店名称的链接，并不是进入酒店界面，而是进入到酒店在携程界面的展示，进行访客支付。

+−

★优点：中介代理的网络辨识度更高，从而产生更大的订单量。

★缺点：

▶一般情况下，中介代理并非只代理一家酒店，而是代理多家不同区域、位置的酒店。因此如果酒店具备位置以及区域等相同的搜索条件的话，就会产生竞争，其中价格方面的竞争更为激烈；

▶如果通过中介代理选择酒店的话，他们会根据自己的偏好选择代理机构，容易培养消费者对中介机构的忠诚度，而无法形成对酒店品牌的信赖和忠诚，因此长此以往就容易使酒店对中介的依赖程度越来越高，失去自己独立成长的机会，甚至会牺牲掉自身更长远的利益；

▶酒店需要支付一定的佣金，当酒店对中介代理日渐形成依赖的时候，就会失去更多的话语权，中介代理就可能借此榨取酒店更多的利益。

+−

（2）直销模式

直销就是指酒店或酒店集团自建网络平台销售产品。目前在国内酒店网络直销中，官网直销及在搜索引擎排名是较为流行的模式。

+−

★优点：通过直销模式，酒店可以与客户直接建立联系，向客户更好地展现自己的产品和服务，同时也可以根据实际情况来调整房间价格，降低空房率，而且通过持久的直销，酒店也可以树立起自己的品牌形象，并获得比较稳定的客源。

★缺点：如果酒店不能跻身搜索引擎搜索结果中的前几名的话，就很难获得销售效果。而且由于缺乏比较完善的酒店与银行的担保体系，酒店的No-show率比较高，如何降低No-show率也是酒店直销模式需要解决的一个难题。

+−

规模比较大、服务水平高的酒店，更适用于直销方式，通过创建自己的网络销售平台，展示酒店的服务、设备以及品牌所要传达的理念，从而树立起酒店的形象，并利用酒店网站开展房间预订以及业务洽谈等工作。通过这种网络营销方式为自己网罗一群稳定的客源。

但是我在对国内酒店进行实际调查中发现，国内30%的单体酒店没有自己的网站和网页，即便是有，也很难实现搜索引擎优化排名。

新型在线营销模式（图4-7）

图4-7　3种新型在线营销模式

（1）移动客户端

移动互联网的飞速发展以及各种移动智能端的日益普及，为人们带来了一种获取信息的新方式。越来越多的网民开始使用移动智能端网购消费，而通过手机端预订酒店的比例也不断攀升。为了顺应这一趋势，许多大型的酒店预订网站也陆续推出了手机预订的功能，并开始就移动端市场展开了激烈的争夺。

（2）社交媒介

★在前几年微博比较火爆的时候，很多酒店都开通了自己的官方微博，在与老用户加强互动的同时，也在不断发掘更多的新客户。微博也成为酒店与用户进行交流沟通的一个桥梁，不仅在酒店宣传推广中发挥了重要的作用，而且也帮助酒店树立了良好的品牌形象。

★人人网为网民们提供的SNS社交服务平台，打破了地域和身份的界限，让他们可以在同一个平台上交流和互动，提高了交流效率，并且通过对日志、音乐视频等站内外资源的分享构建了一个功能丰富、高效的交流互动平台，客户通过在人人网上分享酒店服务体验，也可以帮助提升酒店的形象，从而吸引更多的客户。

★微信作为现代一种主流的社交工具，在营销领域中扮演着越来越重要的角色，很多酒店已经拥有了自己的微信公众账号，对于关注自己微信账号的用户，酒店可以对其就行精准的信息推送和点对点营销。微信订房、订餐在未来会有更大的上升空间，这也是酒店网络营销未来竞争的一个焦点。

（3）团购模式

为了避免房态起伏引起的市场变化，一些会议和度假型酒店或其他的一些酒店态势，除了常态销售模式外，还在积极发展适合自身的特态销售模式。团购以及刚兴起来的半透明预订就是属于特态销售模式。

OTA模式与直销模式对比

从酒店行业目前的营销模式应用来看，直销和分销渠道的销量已经基本保持平衡；从更深一步的角度思考，酒店销售渠道共有三大特点。

+-

★直销渠道以协议客户为主，分销渠道销量以OTA为主。

★不同类型的酒店在两种销售渠道上差异化明显。

★新型模式的出现只是作为补充，酒店对新型模式的应用持谨慎态度。

+-

日益严峻的竞争形式让越来越多的酒店开始采用各种促销、降价手段来开拓和完善自己的销售渠道，这也将酒店与OTA等中介代理之间的竞争推到了白热化阶段。

+-

以携程为例，它所采用的商业模式是“双向出击”，一方面积极开发客户，壮大会员队伍；另一方面是与酒店和航空公司谈判，获取更低的折扣，从而在优惠客户的同时提高自己的收益。

但是由于在线商旅需要的技术门槛比较低，当市场被开发之后就涌现了更多的后来者，而携程由于不能在在线业务上实现绝对垄断，很可能被后来者超越。因此除了捍卫自己的酒店以及机票业务，保住自己在在线商旅中的行业地位之外，携程还需要在度假以及商旅等未开发的领域付出更多的精力。

随着酒店品牌的集团化和规模化，品牌酒店集团自己创建的网络直销平台发挥了越来越重要的作用。于是有更多的酒店集团开始通过自建网络平台，走上了直销的道路。不过这种方式就意味着酒店将逐渐降低对携程等中介代理的依赖性，这也使携程的生存遭遇了重大的挑战。

从与酒店合作的角度来看，携程在许多处在起步阶段的中低端酒店的推广方面发挥了重要的作用，提升了酒店知名度，增加了客源数量。对于中小型酒店来说，自建网络直销平台销售产品，需要耗费一笔不小的资金，对于正处在成长阶段的中小型酒店来说显然是不划算的。而依赖携程、艺龙等中介代理，不仅可以降低营销成本，同时可以获得更多的客源，提高订房率。即便是品牌含金量高、拥有庞大会员数量的酒店，自建在线预订门户网站，也只能针对自身客户服务。

对于大多数的用户来说，更倾向于在中介门户网站上预订房间，这样不仅可以有更多的酒店类型可以选择，而且也可以通过比价，选择更划算的房间。因此从这个角度上来讲，携程在未来仍然稳居在线商旅行业的优势地位。

+-

未来，酒店的集中程度将会越来越高，而具备一定规模的酒店集团将有能力创建自己的在线预订系统，降低对中介代理的依赖。近年来成长较快的如家和锦江之星等连锁酒店企业都已经建立了自己的预订中心。不过在网络经济时代，一些单体酒店依然会需要 OTA 们的帮助。

可能的解决方案

酒店不能完全依赖单一的直销或者分销渠道，应该平衡二者之间的关系。分销和直销二者属于不可替代的模式，要做的只是平衡它们之间的关系，合理运用两种渠道，不对其中任何一种形成过分依赖。

（1）**官网升级**。酒店集团或单体酒店应该不断提高自己官网的信息检索功能，并通过信息检索，使用户享受到更多的优惠，加强与用户的在线交流和互动，同时提供一种安全、便捷的在线支付环境。特别是让用户可以利用移动客户端实现酒店预订以及支付。

（2）**建立酒店联盟、酒店联合网**。酒店联盟可实现信息资源的共享，如星月联盟。

（3）**去佣化**。酒店集团或单体酒店可以利用互联网应用平台和微博、微信等社交媒介，尝试去佣化，降低酒店的经营成本。

经济型酒店营销：利用 SOWT 分析法制定互联网营销策略

“互联网＋酒店营销”的模式已开始被众多的酒店所认可，正成为酒店提高市场竞争力、实现可持续发展和形成品牌影响力的重要手段。

2013 年，我国酒店的客房预订业务，线下占比 66%，线上占比 34%，这意味着线上还有很大的发展潜力；截至 2013 年 8 月，在我国在线预订酒店客房的市场中，携程网以 33.9% 位居榜首，而去哪儿网以 22.1% 紧随其后。

酒店网络预订的市场分析

（1）酒店预订行业发展情况

随着互联网的普及和经济的发展，我国的网民的数量和外出旅游的人次也在不断增加，越来越多的人开始通过互联网预订酒店客房（包括在线预订和电话预订）。而各大酒店也在为吸引更多的消费者下功夫，如合理选择网络分销渠道、设计有视觉冲击力的网页等。

（2）网络预订用户分析

从年龄分布上看，通过网络预订酒店客房的用户 30 岁以上的人最多，占比 44.7%；25 ～ 30 岁的用户位居第二，占比 29.2%。由此可以看出，25 岁以上的用户群由于具备了一定的工作经历，经济收入比较稳定，是主力消费人群。

从学历结构上看，通过网络预订酒店客房的用户大多是大学本科学历，占比 49.7%；其次是大学专科学历，占比 30.9%，大学专科以上用户占比 80.6%。

从地域分布上看，网上旅行预订用户大多分布在华东华北。其中华东上海最多，占比 32.1%；华北占比 23.9%。

（3）网上旅行预订用户的行为特点

★网上旅行用户最为频繁的网上活动是收发电子邮件

由于网上旅行用户自身的特点，如高收入、高学历、职业性等，决定了他们的网上活动不同于一般的网民。据调查结果显示，通过互联网进行收发电子邮件、查看新闻、网络购物、使用网上银行等活动，网上旅行预订用户的比例比整体网民高出 10%。而在下载电影、音乐、网上聊天、玩网络游戏等娱乐活动，整体网民的比例要比网上旅行预订用户高。

★网上旅行预订用户的网上消费水平高

网上旅行预订用户的消费水平高，其中有 71.6% 的用户经常进行网购，同时也高于整体网民。

（4）目前几种有代表性的酒店网络营销模式

目前，我国酒店行业的发展，借助于众多企业提供的信息化服务和网络营销渠道，以是否需要对酒店现有的管理软件进行更新或提供相应接口为标准，可把这些企业分为以下两类。

+-

★不需要对酒店现有的管理软件进行更新或提供相应接口

▶网络虚拟连锁特许经营的模式

以万万家酒店软件公司为代表。万万家酒店软件公司允许所有酒店免费加盟，并可使用万万家的销售网络，向消费者提供线上服务，如虚拟客房等；而所有的酒店都可共享客房资源和销售资源，并可获得额外的收益。

▶客户端软件营销模式

以上海德比公司为代表。德比公司为酒店提供客户端软件服务，消费者就可在移动互联网终端查询酒店的信息，而德比公司则掌控着酒店的营销管理。

▶网络短信平台模式

以中国订房联盟为代表。它为加盟的酒店提供网络短信平台服务，以便酒店与消费者之间传输信息，加强联系。

▶电子商务交易平台模式

以北京网连天下的Tinsia平台、华远国旅的旅游电子商务平台以及中国旅游网络营销总平台为代表。这些平台都为加盟的酒店提供交易平台，以便酒店实现自主营销管理。

★需要对酒店现有管理软件进行更新或提供相应接口

▶ IPhotel 模式

以北京石基公司为代表。通过为酒店提供IPhotel服务，帮助酒店管理用户，使酒店的信息管理系统与网络营销系统对接，同步为消费者提供服务，以此提高酒店的管理效率，降低经营成本，提高酒店利润。

▶ HIMS 全面解决方案模式

以北京罗盘公司为代表。通过为酒店提供HIMS服务，完善和改进酒店的网络营销渠道，建设集内容、客户、销售、预订管理、俱乐部、常客积分、收益、集团连锁管理等全部功能于一体的销售网络。

我国经济型酒店的SWOT分析

（1）我国经济型酒店的优势

★成本优势

一般来说，建造一个四星级饭店的标准间需要花费70万元，五星级约为85万元，并且随着经济的发展，酒店的建造成本居高不下。

在这种情形下，经济型酒店的优势就显现出来。它的硬件设施更注重实用性，在装饰上不需耗费过多的资金，同时，由于规模较小，服务设施较简单，不需要太多的人员，从而降低了建造成本；而高级酒店服务设施齐全，在人力、物力上耗费的成本较高。

★价格优势

经济型酒店最大的优势就在于它的价格低。它的建造成本和后期追加的成本较低，管理和服务耗费的资金也较少，因此消费者也能以一个合理的价位预订客房，一般在150～400元。此外，我国经济型酒店的功能已经能满足消费者的需求，因此，这种性价比高的经济型酒店具有强大的市场竞争力。

★客户关系管理优势

随着互联网的发展，我国的经济型酒店已经开始运用互联网思维管理酒店。我国比较知名的酒店，如锦江之星、如家快捷等，都开始运用信息化的手段管理客户，以吸引更多的消费者。

★观念优势

我国的消费者在购买商品时，更注重产品的实用价值以及性价比，而经济型酒店以其低廉的价格、高品质的服务满足了消费者的需求，吸引了大批的消费者。例如，长住商务型酒店的消费者不再一味地追求酒店的档次，更关注酒店的服务以及基本设施的实用性，如果在经济型酒店享受到豪华型酒店的服务，那么更多的人会选择经济实惠的酒店。

（2）我国经济型酒店的劣势

虽然经济型酒店以价格低廉、服务优质等优势吸引了大量的消费者。但目前看来，我国的经济型酒店还存在诸多劣势，如管理专业化水平低、价格竞争混乱、认识混乱以及品牌知名度低等问题。

★管理专业化水平低

我国的经济型酒店在发展初期，主要学习国外酒店的经营模式。从管理模式到酒店的布局设计都模仿国外的高档酒店，甚至是客户关系的管理都以国外星级酒店为模板，而忽视了发展经济型酒店。在管理客户关系方面，专业化程度也比较低，流失了大量客源。

★价格竞争混乱

我国的酒店行业争先恐后地发展高档星级酒店，而为了争夺客源随意降价，扰乱了市场秩序，同时也使酒店结构与客源结构不再对称。不仅影响了酒店的营利，也使整个酒店业的发展出现混乱，高档酒店挤压其他酒店的现象时常出现。

★认识混乱

经济型酒店是相对于豪华型酒店来说的，它的价格合理，在消费者接受的范围之内，并且服务优良，能满足消费者的需求。但在我国的酒店行业中，一些设施不齐全、环境较差、服务质量不高的酒店，打着“经济型酒店”的旗号，欺骗消费者，以致使人们将经济型酒店等同于脏、乱、差的旅馆，影响了经济型酒店在我国的推广。

★品牌知名度低

由于我国的经济型酒店管理不规范，专业化水平低，导致酒店的品牌影响力度低，仅仅在一定区域内有知名度，例如北京建国客栈、中江之旅、上海锦江之星等。

（3）我国经济型酒店的行业机遇

★国内市场带来的新机遇

一是政府机构改革。政府部门精简机构，附属单位将脱离出来，独立发展，大量的政府招待所将进入市场，为经济型酒店的发展提供支持。

二是民营资本的支持。为了适应市场的变化，未来酒店将朝着改组、改制、出售的方向发展，而民营资本将为经济型酒店的转型提供资金支持。

三是旅游环境进一步优化。随着我国政府对旅游业的重视以及游客观念的提升，旅游环境将进一步改善，同时信息化的管理手段也开始应用于酒店的管理，促进了经济型酒店的发展。

★国际市场带来的新机遇

根据世界旅游组织调研报告显示，预计“中国将在 2020 年成为世界第一旅游接待大国，届时到中国境内旅游的外国客人将超过 1.37 亿人次。”而随着国际游客的大量涌入，我国的酒店行业也将得到进一步的发展。

★酒店供给结构不合理带来的机遇

目前，我国的酒店在数量结构上的布局呈现“两头大，中间小”的特点，即设施齐全、服务优良、价格高的高档酒店和卫生条件差、价格低的招待所数量众多，而质量、价格等介于中间的酒店数量较少。这一消费市场的空白，为经济型酒店的发展带来了机遇。

（4）我国经济型酒店面临的威胁

★国际品牌纷纷抢占中国

国外的酒店也看到了中国经济型酒店市场巨大的发展潜力，纷纷抢占市场资源。我国的经济型酒店还处于发展初期，在管理、服务、设施、价格等方面，都不具备竞争优势。2002 年，美国纽约的美兴国际企业集团在上海建立了第一家“美兴”经济型酒店，以“经济、实惠、方便、快捷”的服务，对我国的经济型酒店造成了冲击。

★政府一些部门的行政干预

我国大部分的经济型酒店属于国有体制，在日常的客户关系管理、酒店设施布局，甚至是产权转移上，经济型酒店都没有完全的管理权。行政力量的干预，阻碍了经济型酒店的发展。

网络环境下的市场策略（图 4-8）

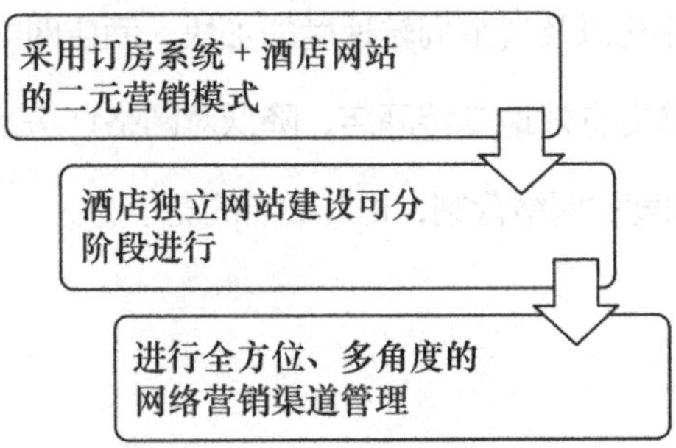

图 4-8　网络环境下的市场策略

（1）采用订房系统 + 酒店网站的二元营销模式

互联网的发展为酒店管理提供了新的方式，而网上订房系统以零成本、效率高等优势正得到酒店行业的重视。消费者可以在网上查询想要预订的酒店客房，并在网上预订，既节省了消费者的时间，提高了预订效率，同时酒店还可以节省广告营销费用，降低成本。

（2）酒店独立网站建设可分阶段进行

酒店网站的建设要分阶段，在建设初期，应以吸引消费者的注意力为主，在网站主页上创建宣传“窗口”，以便消费者了解酒店的特色和优势，并为消费者设置留言面板，与消费者进行良好的沟通互动。一般来说，在网站建设初期，不会出现大量的客房订单，酒店在短期之内也不会收回成本。我国一些知名的门户网站，通常是采取建立链接的方式，确保点击率和用户流量，从而进行宣传营销。

（3）进行全方位、多角度的网络营销渠道管理

网络营销以互联网为营销介质，实现产品的宣传。酒店行业要成功实现互联网营销，需要有科学的管理手段以及多样化的营销渠道。酒店在采用二元营销模式时，需要与各个渠道进行协商，以确保网络营销顺利运营。此外，随着我国酒店管理的专业化以及资金周转速度的加快，酒店网站的运转有了强大的支持后盾，从而能够更有效地宣传酒店，降低对网络订房系统的依赖性，使酒店实现全方位、多角度的网络营销，提升酒店的竞争力。

Part 5

酒店＋移动营销：

移动互联网时代，酒店营销策略与实践

移动营销：移动互联网时代，酒店业传统营销模式的颠覆

酒店行业曾经是我国企业管理与创新的标志性企业，是改革开放时最早与世界接轨的行业，然而随着移动互联网时代的到来，各种原因使得酒店行业今非昔比，酒店行业面临时代转型，应该做些什么来挽救现在的局面呢?

中国的高档酒店业竞争尤为激烈，出现优胜劣汰的局势。而中档酒店业市场正掀起一场争夺战和并购潮。微信、微博等新媒体的涌至，为酒店行业的传统营销模式带来巨大冲击。所以，酒店行业亟须转型，不然就会面临被淘汰的命运。

而转型的第一步就是营销转型。科技发展带来的技术改变和消费模式的改变，使得酒店的营销模式必须转变才能满足客户的需求。“80后”“90后”将成为未来社会市场的主要消费人群，而他们正是在技术变革的环境中成长起来的，面对这样的消费者，实行新的营销模式是必然的。

酒店移动营销的内核

（1）酒店移动营销可以借助手机移动端，通过整合微博、微信等渠道，与

消费者建立微会员关系。酒店通过这些软件工具，向消费者传递产品信息，搭建直销平台，让消费者可以通过平台随时预订酒店，这样既方便了消费者又增加了酒店的效益。

（2）移动互联网的快速发展，并不意味着移动互联网营销可以取代酒店传统营销，二者是互补的关系，而非对立的关系。实行移动互联网营销是顺应了时代的发展，为客户增加了一条可以进行网上预订的渠道，也为酒店行业找到了一条盈利的新出路。在进行移动互联网营销时，除了要保证有 Wi-Fi 可用，还有产品的策划、推送以及与客户维持紧密联系，这都是酒店在营销过程中的基本工作。

（3）酒店利用互联网建立营销新渠道，将各类途径的客户整合在一起，然后进入酒店的直销平台，通过直销的方式，向客户推销。

"新营销"让酒店"广为人知"

"酒香不怕巷子深"在这个时代已经无济于事，"抢夺客户"并为客户办理会员制度，使之成为自己的"忠实客户"，这才是符合当今时代的新营销模式。

如家酒店，现已有会员人数 1600 多万，这些会员已然变成如家的忠实客户，不会轻易流失。而现在，"抢夺客户"要从"病毒性"营销开始。

（1）"病毒性"群发

你们酒店是否重视宣传部门的建设？是否定时检测对外宣传效果并加强宣传力度？是否对各项传播工具（如 QQ、论坛、邮件、行业网站等群发软件）了如指掌？"病毒性"群发并非植入病毒，而是扩大传播途径，让更多的客户了解你的产品的特性、优点。当初"凡客体"将凡客诚品一时捧红，“吃垮必胜客”让必胜客也流行一时，这都是典型的病毒营销，如图 5-1 所示。

图 5-1　病毒营销案例“吃垮必胜客”

必胜客有一款自助水果沙拉，不限制拿的数量，但只能取一次，为了尽可能物超所值，消费者都想多拿一点。而一则“吃垮必胜客”的信息就针对消费者的这种心理在网络上风靡开来。这则信息介绍了如何用必胜客的沙拉碗一次盛到 7 盘沙拉的好办法，并配有真实图片。网友在收到这则信息以后都觉得有用有趣，会立刻转发给自己的亲朋好友，并相约去必胜客一试。实际上，这是一个成功的病毒营销案例。

首先，既然是做宣传，那宣传的内容是人们关注的重点。怎样才能让人们对内容感兴趣，这才是重中之重。我们发现，**营销的内容做到两点——“有意义”和“有意思”，就会对客户形成强大的吸引力**。具体来说，就是宣传的内容要包含有意思的故事和有意义的优惠数据，这样客户在看到之后，既不觉得枯燥乏味，又觉得有实际用途，才会产生兴趣与信赖。

其次，随着人们生活水平的提高，外出旅游已经成为人们现代生活的重要标志。在中国老百姓最想做的十件事中，其中有环游世界想法的占到65.12%，远高于住豪宅、开名车。所以，与单纯地宣传酒店相比，跟旅游相结合似乎更容易传播。

比如，酒店可以做优惠活动，供客户选择，活动一：住一晚送一晚，住两晚加送早餐；活动二：酒店周围有三大景点，入住三晚即可免费获得三大景点的门票。

（2）与“有影响力的组织”结盟

正所谓“站得高，看得远”。酒店在实行会员制度的同时，也要想方设法假他人之力，比如，与其他酒店，尤其是排名靠前的酒店进行合作，一同推广；与酒店业的门户网站和电商进行合作，共同博得行业口碑和大众口碑，这些出路都是值得反复思考、琢磨的。

此外，酒店为了增加用户访问量，对SEO加强优化、提高关键词排名，其实还可以从百度上输入“酒店”，查出排名在前20的酒店，与它们进行合作。像现在我们经常使用的旅游网站有去哪儿、艺龙、携程等，酒店可以与这些网站进行长期合作。

最坚固的关系是利益，只要彼此从对方那里可以获得好处，关系就可以维持下去。所以酒店企业要放宽思路，改进观念，那么营销必有新出路。

（3）及时赶上“新社交媒体浪潮”

错过新媒体浪潮，就相当于错过了营销新出路。之前博客崛起不久，就被微博甩在了身后；而微博正当火热时，半路又杀出来了个微信。酒店业也不例外，OTA还没站稳就出现了手机App预订，随后又有更廉价的“MSS”接踵而至。

目前，电子商务营销有各种渠道，如微信、微博、垂直电商、团购平台等。面对这些层出不穷的新渠道，酒店行业要抓住机遇，创造营销机会。我国知名演员姚晨，她发一条微博，所形成的影响力相当于CCTV，粉丝数量之多可见一斑。追赶浪潮永远赶不上潮流，只有敢于驾驭浪潮，才能成为时代的领先者。

在微营销时代，酒店要积极采用“微战略”，时刻保持学习的心态，对外界新事物保持好奇心，不断学习新技术，适应新环境。这样，即使又出现了新媒体，我们也可以迅速发现新渠道。

“新预订”让酒店“枯木逢春”

目前，中国有将近5亿人使用移动网络。人们预订酒店的方式也发生了翻天覆地的变化，传统的预订方式几乎已经被大众摒弃，人们更喜欢借助移动网络工具，进行网上预订。在旅行的前一天晚上旅客可以躺在床上用手机就把明天的车票、酒店预订好。所以，现在谁能让消费者“懒懒地预订”，谁就能在这个时代下迅速发展。

（1）微预订

2012年8月13日，北京的开元名都大酒店和歌华开元大酒店分别在各自的新浪微博上开启“微订房”。而且，“微订房”上线之后，就陆续产生了订单，此次成功是对“微订房”这种新营销方式的一种肯定。

客户可以在社会媒体酒店预订平台进行实名注册，之后便可“一键预订”，这种方式拉近了酒店与消费者之间的距离，大大缩短了客户的预订时间。客户在交易平台留下了自己的各种相关信息，这些信息都被酒店纳入数据库中，从而有利于酒店的进一步精细化管理。同时，酒店借助微博这一平台，可以促进酒店面向用户的传播速度，体现酒店的营销策略。

（2）MSS

微信与微博一样，拥有着大量的客户资源。如何借助微信平台吸引大量用户，并实现手机直接预订是值得众多酒店思考的问题。就在2013年4月17日，中国酒店业门户网站迈点网正式推出MSS，将手机官网与微信直接对接。

MSS包含“快速预订”“订单管理”“数据统计”“促销活动”等核心功能，近期又将推出“客户管理”“会员管理”“餐饮康体预订”等功能，用户可以通过浏览三大板块——“酒店介绍”“促销活动”“酒店服务预订”，用手机方便快捷地预订，并与酒店保持互动。随着MSS在酒店行业发挥的作用越来越大，在未来，MSS这种低价而便捷的手机预订营销系统，很有可能被人们普遍使用。

（3）OTA无线预订

2013年初，大型OTA（如携程等）相继推出了无限预订功能。与苹果、安卓等系统相结合，借助无线网络传输，一改传统预订模式，为消费者预订酒店提供了更便捷的方式。

大型OTA拥有庞大的客户体系，开发无线预订功能是理所当然的。但要想在客户群体中进行推广，还需要开展竞价、低折扣等活动引起客户的注意。如果把大型OTA比作一个超级市场，那单个酒店就只是其中的一个商品而已。酒店必须向OTA支付大量的佣金，OTA为酒店提供预订平台，由于OTA备受广大客户的欢迎，所以酒店对这一分销渠道很是依赖。

（4）App

大型酒店集团拥有大量的资金和充足的人力资源，必然要开发属于自己的App。酒店安装App后，就可以与客户时刻保持互动，并通过App向客户推广营销，提高了酒店与客户的黏度以及客户对酒店的忠诚度。移动互联网时代的到来，让酒店业务由 PC 移至移动端，不仅有助于快速提高 OTA 的业绩，也有利于实现更高的 ROI。

现在很多中小企业也在效仿大型企业，极力开发 App，这是一种欠缺考虑的盲目行为。3B 酒店集团的市场营销总监张志辉认为，这种急于开发 App 的行为，是对移动互联网时代到来的盲目应付，其实，中小型企业更应该先冷静思考，再做出决定。

从现在酒店使用 App 的情况来看，App 作为 B2C 模式的应用，只有一小部分酒店的运营效果不错，大部分酒店开发的 App 使用效果甚微。App 的开发成本高，后期的维护、升级成本高，用户体验差，这一系列问题让酒店行业处于一种尴尬的境地。

移动营销落地实践：移动浪潮下，酒店如何拥抱移动营销

如今，互联网的普及为消费者查阅、预订酒店带来了很大方便。消费者主要通过三种工具：PC、手机和平板预订酒店。随着移动互联网的发展，PC 的使用率呈逐渐减少的趋势，而手机、平板因携带方便，而发挥越来越大的作用，尤其是智能手机的应用，现在有超过 1/3 的消费者都是在用手机等无线终端进行网上预订酒店。

移动互联网正在消费者的日常生活中发挥着举足轻重的作用，但是，酒店行业在移动互联网上还没有做到位。主要存在以下 3 个问题，如图 5-2 所示。

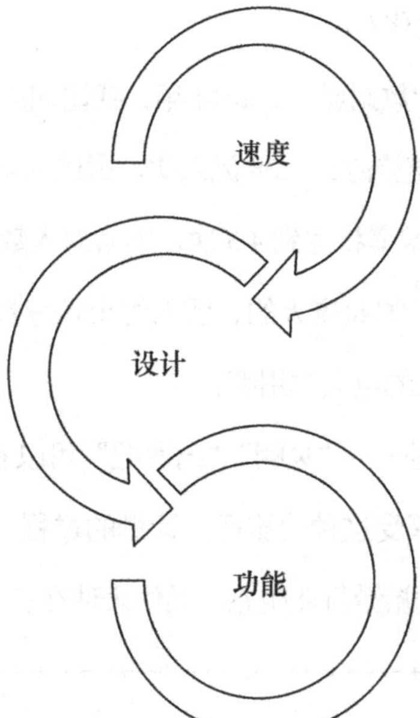

图 5-2　酒店行业在移动互联网运营方面的 3 大问题

★**速度**。在这个看重效率的时代，速度越快越能带给消费者最佳的体验。

★**设计**。移动端的网站设计不够优化，使得用户在用智能手机或平板预订酒店时，感到程序烦琐、操作麻烦。

★**功能**。移动平台功能要多样化、全面化，才能满足消费者在外出时的各种需求。

针对以上三点问题，酒店应如何在移动互联网的营销方面改进自己？

营销新环境和新触点

酒店的营销人员可以从各个方面切入，找到营销出路。比如，旅客会通过什么方式选择、预订酒店？旅客每年平均住几次酒店？与以往相比，旅客入住酒店的方式发生了哪些变化?

中国旅游研究院统计数据显示：2014年，我国国内旅游达36亿人次，出境旅游达1.14亿人次，入境旅游达1.28亿人次，国民人均出游率达2.8次。预计，到2020年，我国人均出游率将达到4.5次，出游总人数将达60亿人次，旅游消费总额达5万亿元。面对如此庞大的、诱人的市场发展空间，酒店行业作为重要一环，如何才能发挥它的巨大作用呢?

通过一些旅游广告词——"去啊""出发吧"可以看出，对于旅游计划不需要太过周密，人们正在享受这种边旅行边计划的过程。移动互联网的普及与应用正极大地改变着现在的旅游行业生态，具体表现在三个方面。

★互联网、移动互联网成为旅行者寻找出游地点、制订旅行计划、安排旅行行程的重要来源。

★大部分旅行者在出游之前，都会通过网络事先查好旅游地点的天气、交通等状况，做好行程安排。

★旅行者在出游的过程中会随身携带智能手机或平板电脑，方便随时随地查询各种旅游资讯。

旅客在选择入住酒店时，往往比较关心价格、方便程度、大众评价等问题。根据调查可知，旅客在出行之前，往往会在家利用互联网从网上预订酒店，或者下载酒店App，等到达目的地之后，根据实际情况再预订。

移动营销如何落到实处

从酒店的移动营销落脚点出发，我们探讨以下几个问题，如图5-3所示。

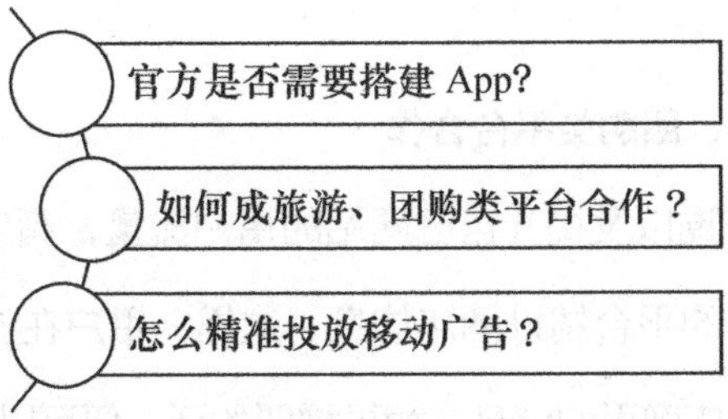

图 5-3　酒店移动营销需要解决的 3 个主要问题

（1）是否需要搭建官方 App

虽然移动 App 在近几年发展迅速，但旅客更习惯于用搜索引擎查获信息，移动浏览器、桌面浏览器都成为旅客们经常访问的入口。然而，商务人士与之不同，他们更青睐于品牌 App。

数据统计显示，有 60% 的商务人士在预订酒店时会选择使用品牌 App，因为品牌 App 的口碑很好，不管是环境条件，还是服务方面都很有保障，而且，App 相对于浏览器具有更加高效、方便、快捷的优势，所以深得旅客的喜爱。

随着移动互联网的发展，智能手机的应用为人们带来诸多方便。例如，智能手机广告，人们可以通过广告内容，形成品牌印象，在需要的时候就很有可能进行预订。

《谷歌 2013 年度旅游者洞察（北美地区）》中显示：通过 PC 端看到相关广告会留下品牌印象的旅客占 40%，对比之下移动端超过了 68%，明显高于 PC 端，而看到移动广告并选择它所提供的服务的旅客占到 71%，会用移动设备查阅移动广告的更多信息的用户占到 30%，会点击广告的用户占到 25%，会浏览广告网站的用户占到 24%。

高端品牌酒店（如喜来登、王府井半岛等）的移动营销，如果借助更加完善的品牌 App 连接，为用户提供更加方便、快捷的预订方式，将会形成更好的营销效果。

（2）如何与旅游、团购类平台合作

为方便用户的查询以及提升自己网站的用户流量，酒店可以与旅游、团购App合作，借助它们的平台铺设酒店信息，这样，用户在旅游或者团购查询的时候，就可以看到酒店网页的信息，如果需要的话，便可以通过App进行查询、预订。

从品牌影响力的角度出发，规模大、信誉高、服务周全的平台更能提升用户对品牌的信任与依赖。平台在与酒店合作过程中，要认真负责地做好每个细节，为用户提供简单、快捷的体验方式。

（3）如何精准投放移动广告

酒店App除了与相关垂直行业App合作之外，还有重要的一点就是要精准投放移动广告。如何做到真正精准投放、LBS商圈定向、实现O2O互动？以下有4点建议。

★对入住酒店的人群进行观察，借助大数据对他们进行分类

力美科技移动DSP在给喜来登提供的移动营销解决方案中，就以对人群的分析为基础。通过对入住酒店的消费者进行观察，可以将他们分为三类：第一类是有思想、有追求、重质量、重品位的人群，第二类是思想灵活、精明能干的商务精英或时尚白领，第三类是从事金融、经济，崇尚独立的事业型人士。

★LBS商圈定向和O2O的激活

在推广移动广告中，力美科技帮助喜来登通过LBS实现O2O线上线下相结合。力美拥有庞大的数据库，在全国范围内，可定向800个城市、1400个商圈，准确定位目标受众，完成线上注册，用户在线下可以到指定的80家喜来登酒店选择入住。在喜来登的广告投放中，力美可以通过LBS技术对覆盖喜来登酒店的 105 个城市以及 900 个商业圈定位，从而做到精准投放。

力美选择通过手机的插屏、banner 的形式对广告进行投放，用户在预订酒店时，可以点击广告进入酒店主页进行预约，并享受优惠活动，从而实现线上线下的结合、互动。

★物料、投放时段的不断优化

广告在投放的过程中，需要考虑两方面的优化：一方面是，根据数据统计和用户反馈，对广告的内容和创意不断优化；另一方面是，根据用户点击率和转化效果，来判断广告投放的最佳时段。比如力美通过大数据对喜来登和王府半岛酒店进行分析，发现在早上 9 点至下午 1 点和下午 5 点至晚上 8 点这两个时间段，投放广告效果最佳，因此以后在时间段的选择上就会有所侧重。

★重定向广告激活和唤醒

消费者访问酒店的主页之后，却因为各种原因没有下单，这种情况并不少见。酒店应如何留住这些潜在消费者？除了为用户提供方便、简洁的页面体验之外，重定向广告也是很重要的一点。将广告的投放重点转移到这些潜在用户身上，对酒店的营销来说不失为一个很好的策略。因为消费者在网上浏览时，往往货比三家之后再做决定，而酒店有针对性地投放，会增加在消费者心中的印象，有助于品牌唤醒，增加用户的选择机会。

实现大数据驱动决策

行业指标固然可以当作参考数据，但不如有针对性的企业自身的消费者行为数据更具有参考性。企业利用大数据，分析理解消费者的行为，为酒店的决定提供实质性的建议。因此，酒店的营销决策不再只是凭借趋势，而是通过有依有据的数据分析来制定，实行大数据驱动决策才是正确的办法。

App时代的酒店营销：酒店App营销背后蕴藏的商业价值

到目前为止，全球范围内使用互联网的用户有15亿多人，仅中国的手机网民人数就达到了5.27亿。移动互联网的使用在全球范围内呈爆发式增长，使得各个行业对移动互联网产品都竞相追逐，当然，酒店行业也是如此。

酒店现在正试图通过各种营销模式向客户推销，像微博、微信等移动社交平台，或者利用OTA的移动端，现在也有很多酒店正努力试图开发各种应用程序（App），争取在移动互联网市场上赢得一席之地。不过，开发App的过程中，无论是前期的投入还是后期的维护都会为酒店带来很大的成本压力，这让一些业内人士对它的前景并不持乐观的态度。

在移动互联网如此发达的今天，酒店App若想受到广大用户的青睐，必须具有较强的资源整合能力、更易于与客户进行沟通的平台以及较全面的服务体系。与此同时，酒店还需准确定位市场，投入更多的精力在提升用户体验上。

移动互联网带来巨大商机

2014年7月21日，CNNIC发布第34次《中国互联网络发展状况统计报告》，报告显示，到2014年6月，中国手机网民人数达5.27亿人，手机使用率达83.4%，首次超越了传统PC使用率，成为用户使用的第一大上网终端。

面对移动互联网的扑面而来，酒店行业躲也躲不过，要么抓住机遇顽强生存，要么面对挑战全身而退，走向淘汰。酒店行业正在通过微博、微信等社交平台，或者OTA移动端进行网上营销，更有不少酒店正试图通过开发App，希望在移动互联网的市场上占得一席之地。

由咨询公司L2统计表明，中国有60%的酒店品牌都有自己特定的某类移动业务，而且多数酒店都想借助移动网站开通网上业务。现在，在App商店中，中国有33个酒店品牌，不仅提供中文App，还提供英文App。所以，总体来讲，每个月约有9000万人接触到中文的移动旅游App。

在全球范围内，洲际酒店的App（图5-4）下载量为86.2万次，仅次于它的是喜达屋酒店的App下载量为36.9万次，随后就是雅阁酒店和万豪酒店，下载次数分别是23.8万次和23.4万次。2013年，洲际酒店的移动预订业务比2012年增长了一倍，收入高达6.11亿美元。

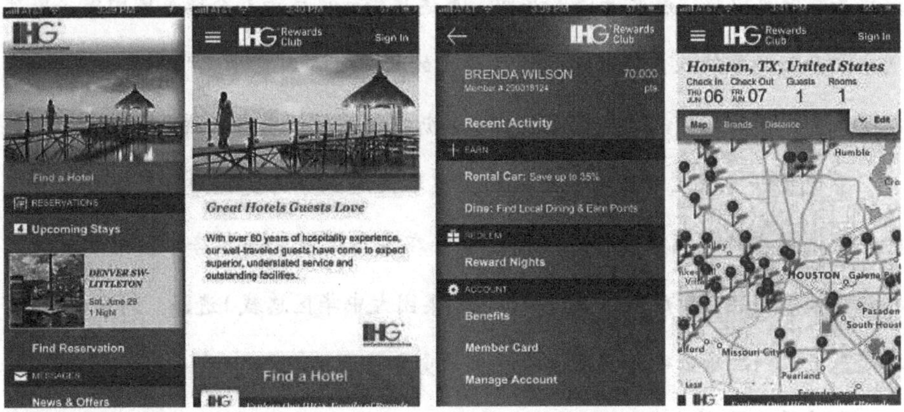

图片来源：创业家

图 5-4　洲际酒店 App

根据国内连锁酒店中布丁酒店的数据统计，现在，布丁酒店App有30万的累计用户，平均每天的订单量是1000多单，占到整体订单量的10%，而在2012年只占到2%。

App定位与酒店定位直接相关

从打造App的方式上看，国际高端酒店与国内快捷连锁酒店有着本质的不同。

★国际高端酒店通过开发App的更多新功能来吸引客户，利用科技创新提升与用户之间的黏度。

★国内的快捷酒店通过在App上举行更多的优惠促销活动来吸引消费者，主要是通过做表面上的活动，对消费者起到一时的吸引作用。

无论是何种方式，这都与酒店的定位直接相关。

+-

喜达屋现在推出了“Keyless”新功能，可以用手机当房卡，即不需要使用门卡，通过手机就可以将门锁打开进入房间，喜达屋由此也成为在全球范围内第一家实现手机开锁的智能入住酒店。喜达屋集团的相关负责人表示：“我们并不是为了标新立异才发明这些，只是想通过技术创新更加方便消费者、满足消费者。”

喜达屋一直很注重数字创新，利用技术促进业务的发展。为了提升客户体验，喜达屋在预订酒店、行政规划，以及在实际过程中的客房体验中都融入了移动科技领域的创新成果。钱进（喜达屋集团大中华区总裁）透漏：到目前为止，喜达屋投入到酒店数字和移动化系统上的资金达5亿美元。

喜达屋除了为一些“基本款”——iPhone、iPad和Android定做了App，还为Apple Watch定做了App，成为第一个为Apple Watch定做App的酒店。此外，喜达屋推出Google Glass的测试版，这些都成为喜达屋获得更多高端用户关注的有效渠道。

国内快捷连锁酒店——布丁酒店，围绕“时尚、新概念”这一主题，将目标群体定位在使用互联网最为广泛的“85后”和“90后”身上。布丁酒店在所有经济连锁酒店中，是第一家实现免费高速Wi-Fi全覆盖，第一家使用NFC技术自助 Check-in，第一家与淘宝旅行社合作，第一家与微信合作，实现微信订房，第一家上线支付宝公众账号服务，并是在百度地图上，第一家实现上线集团营销的酒店，如图 5-5 所示。

布丁酒店在推出的最新的一款 App 版本中，就有“夜销”的功能。所谓夜销，就是在当晚的 18:00 到次日的 6:00，消费者可以通过登录手机客户端，以超低的价格在布丁酒店预订房间。通过对大量用户调研之后，布丁酒店发现，通过移动互联网平台预订酒店的消费人群，大多是那些爱旅游、爱结交朋友、爱生活的年轻人，他们喜欢在旅行的当天预订酒店，这部分消费者所占的比例约为 58%。于是，“夜销”功能为消费者利用手机预订酒店提供了很大方便。

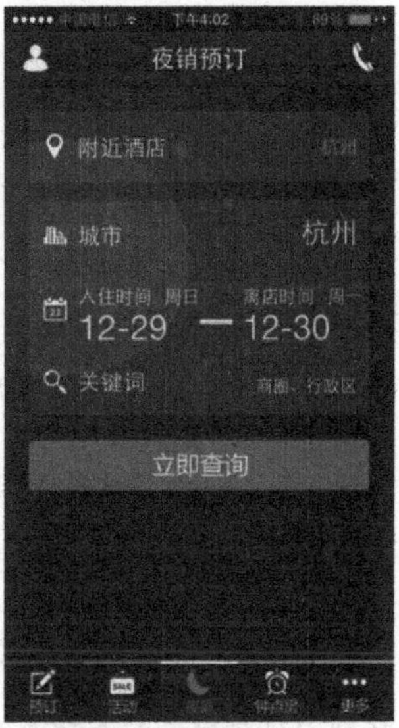

图片来源：手机中国网

图 5-5 布丁酒店 App

布丁酒店的渠道推广处处可见，酒店内，大堂、电梯、走廊、每个房间内，甚至马桶上，都贴有二维码方便消费者扫描。

酒店如何利用 App 进行创意营销（图 5-6）

（1）开发酒店 App 手机客户端

智能手机具有随时、随地、随身都可携带的便利性，现在，几乎每人都有一部智能手机，它已经成为人与人之间、企业与客户之间保持联系、促进交流的必要工具。App 应用在中国也广泛普及开来，各酒店可以自己开发手机客户端，这样，消费者通过下载酒店的手机客户端，便可成为该酒店的固定客户，从而实现酒店的精准营销。

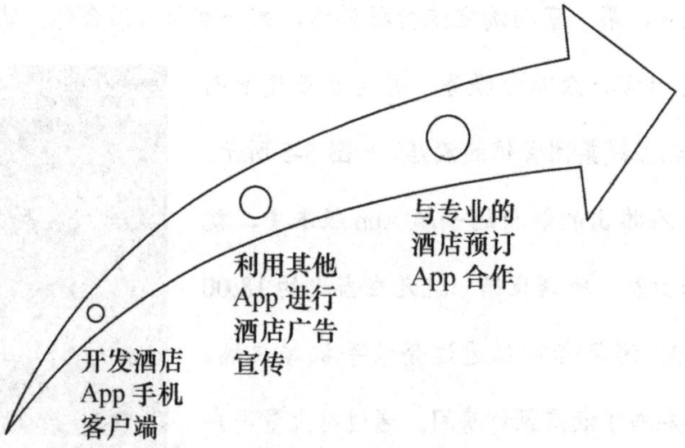

图 5-6　酒店利用 App 进行创意营销的 3 大路径

+-

消费者在打开我国香港朗豪酒店的“Langham Touch”这一 App 时，不仅会看到酒店所提供的各种基本资讯，还可以在上面查找香港的交通路线，以及各旅游景点等，这种人性化服务让消费者每时每刻都感受到酒店对自己的关怀与照顾，从而在消费者心中树立了良好的企业形象。

除此之外，酒店还可以做一些优惠活动来吸引消费者。例如真功夫推出了用户持手机客户端出示电子优惠券便可享受优惠，以此增大销售几率。

+-

（2）利用其他 App 进行酒店广告宣传

现在，手机成为人们日常生活中必不可少的工具，无论是在大街上，还是在地铁中，人们几乎每时每刻都在关注着自己的手机，而忽略了周围的人和事，大大的横幅广告或电子广告很少会得到消费者的关注。

而 App 广告与传统的互联网广告的不同之处在于：点击率不再相当于广告的到达率。当消费者长期停留于某个页面时，客户端的 App 广告就会显示出来，即使消费者不点开，动态的广告效果也可以将内容尽情地展示出来，使消费者对其产生印象。这种营销产生的效果是电视、报纸所不能比拟的。

因此，酒店可以利用一些下载数量高、具有较高知名度的应用程序植入广告形式，这些广告形式有的是文字连接，有的是横幅。当消费者在体验这些应用程序时，这些广告形式就会停留在应用程序的附近，从而引起消费者对酒店的注意，如果消费者对其感兴趣，就会点开链接，随之出现的是一个新的浏览器页面，即酒店的广告页面，由此增加消费者对酒店的印象，提升酒店品牌知名度。

（3）与专业的酒店预订 App 合作

现在的 App 应用不再是以游戏娱乐等功能为主，而是以实用性的工具类为主，消费者可通过这类实用性的 App，获得海量、准确又具有时效性的信息，为消费者提供参考意见并及时解决问题。

其中，酒店预订 App 的应用已经越来越普遍，像快订网酒店预订、拉手酒店预订、米途订酒店预订等。这些 App 应用都可以满足消费者酒店查询、房态查询、电话预订等需求，为消费者提供方便快捷的服务和准时的房态及房价信息。

快捷酒店的 App 营销策略

由于手机本身所具有的方便快捷、可随身携带的特点，所以用户更多时候会选择利用手机来办理事情，酒店必须在清楚这一事实之后，充分利用手机 App，做有效的市场宣传和产品推广，迎合用户的各种需求，实现精准营销。

（1）基于 LBS 技术的酒店类 App 凭借专业性、位置服务性成为第一首选

比如，“快捷酒店管家”，该手机 App 上汇集了多家经济酒店，像七天、如家、汉庭等，当用户到达某个地方时，只需用手机定位搜索下，就可获得周边快捷酒店的一些相关信息，比如地理位置、酒店房价、是否有空余房间，还有到达酒店的路线，如图 5-7 所示。

对于这类手机应用平台的营销方法，最简单的就是开展优惠、促销活动，吸引更多的来到当地的消费者到酒店中去。当然，事情不止这么简单，用户是否会选择当地酒店还与当地的经济发展水平、智能终端的普及程度以及此类 App 的用户量有关。

（2）社区类 App 用户互动性高、黏度高成为第二候选

酒店利用手机 App 可以先将目标用户吸引到酒店的特定页面上，如果用户预订酒店并入住，酒店就会为用户提供优惠或折扣，长久性地吸引用户。社区类手机应用平台主要是通过启发用户兴趣、发展好友和保持用户之间的交流与互动来推广营销。

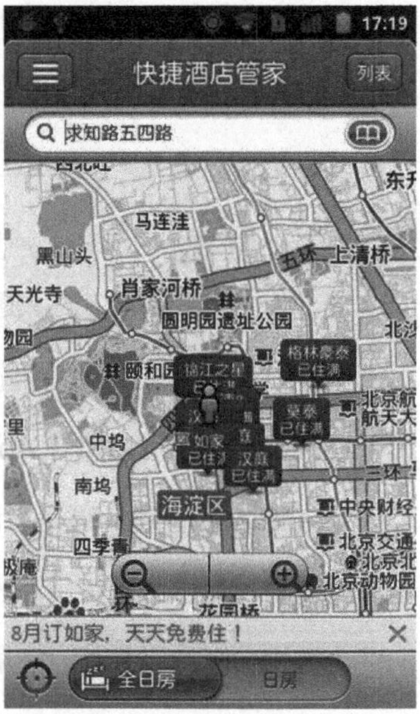

图片来源：手机软件网

图 5-7　快捷酒店管家 App

同时，营销者也可以通过多种 App，增加自己的好友数量，获得更多的关注，从而获得更大的影响力，发掘潜在的目标用户。在这方面，新浪微博、微信，还有陌陌都是可靠的平台。

其实，除了上述两个例子，手机 App 营销的手段还有很多，快捷酒店的营销很有前景。酒店要想实现营销，必须先让用户了解自己的产品，所以，企业在任何情况下都要及时发布产品的信息，与用户保持互动。此外，酒店只凭借手机 App 营销未免势单力薄，必须与其他的营销方式相结合，才可以取得更长久的胜利。

手机 App 的应用，为酒店和消费者双方带去了意想不到的效果。对酒店来说，采用全新的营销渠道，将酒店的特色毫不保留地向消费者展示，为消费者预订酒店提供更便捷的通道，这不仅增加了酒店的利润，还进一步推进了酒店的商业模式；对消费者来说，这种既新颖又方便的预订方式及消费体验，很大程度上吸引了消费者的消费。

移动互联网的发展让人们更加方便、快捷地获取信息，App 的应用沿承了互联网的优势，让人们的生活质量更上一层楼。人们的生活方式正随着智能手机 App 的应用发生着深刻的改变，同时，也为产生更加丰富的酒店营销模式提供了新的机遇。

单体酒店 App 营销：提供极致的用户体验，建立消费者忠诚度

随着移动互联网时代的来临，各行各业都掀起了一股“拥抱互联网”的热潮，酒店行业自然也不甘落后，其移动网络的应用已日臻成熟。

然而，奇怪的是，走在拥抱移动互联网道路上的身影却唯独缺了我国酒店行业的主要构成部分——单体酒店。确切地说，单体酒店仍然还在观望，而迟迟不肯迈出那关键的第一步。

国内单体酒店“不上路”

所谓单体酒店，指的就是“只此一家、别无分店”的独立酒店，是比较传统的酒店形式，且比较符合我国城市的分布特点，所以一直是国内酒店业的主体。但是，就是这支撑着国内酒店行业发展的中坚力量，却在移动互联网袭来之时选择了袖手旁观。

根据迈点网在 2014 年的调查数据显示，在“80 后”“90 后”占大多数的被

调查群体中，有 46% 的酒店用户选择了使用移动端进行预订，以绝对优势占据了酒店预订的首位，而在之前的相关调查中，移动端预订仅占了 16%。此外，还有数据显示，完全没有使用过移动端进行酒店预订的酒店用户只有 24%，这充分展示了一个趋势，那就是移动端预订酒店行为将成为未来的主流选择。

根据调查，我们也可以得知，目前移动端预订的依托平台主要是来自第三方预订平台 App 和酒店官方 App，酒店行业的营销战场已经在向移动互联网转移，如图 5-8 所示。

图片来源：亿邦动力网

图 5-8　国内连锁（集团）酒店 App 及第三方酒店预订 App

就是在这形势一片大好的情况下，国内的单体酒店就上文所说的那样做起了不动声色的旁观者，摆出了一副无动于衷的态度。

酒店业已不可避免遭遇移动互联网

移动互联网已深入到了大众生活的方方面面，单体酒店却并未对之敞开胸怀，究其原因，很可能是仍然对之抱有疑虑，且对移动互联网营销存有争议。

单体酒店虽然是酒店行业的主要构成部分，但其“仅此一家”的模式也让其对单独开发手机 App 心怀忐忑，巨大的成本投入能否带来收益？用户能否在浩如烟海的酒店 App 中快速找到自己并进行访问？零星分散的单体酒店 App 能否对抗统一便捷的连锁酒店 App ？这些问题都是压在单体酒店头上的大山，使他们想进不敢进，想退又不甘心。

其实，这些问题固然存在，但如今的态势发展已经明确了寻找这些问题的答案是没有任何意义的。因为互联网已然从 PC 端转移到了移动端，使用移动端上网已经成为了大众的首选。

中国互联网络信息中心 CNNIC 第 36 次《中国互联网络发展状况统计报告》中指出，截止到 2015 年 6 月，我国网民规模达到了 6.68 亿元，其中手机网民达 5.94 亿元，也就是说，我国有着 88.9% 的网民是使用手机上网的。手机上网的应用也随着信息技术的不断发展而持续深入，即时通信、手机阅读等这些简单的应用已经不能满足手机网民的需求，取而代之的是更深层次的拓展，比如说各种 App 的运用。而且，移动端便捷、即时的特性也正好与大众如今的商务消费需求相契合，其商务应用必将成为拉动网络经济增长的新引擎。

这些调研数据已经向我们指示了酒店业营销的发展方向，再去纠结那些令人进退维谷的问题已是得不偿失了。**毕竟不管酒店性质如何、星级多少、规模如何，所服务的对象还是人民大众，而对于服务对象来说，无论是社交还是商务，移动端都已是不二之选**。对此，单体酒店若是仍选择继续观望的话，极有可能会错失良机，最终被用户所放弃。

酒店的“移动之路”

作为比较传统的酒店形式，单体酒店或许在接受新事物的时候有着一定的滞后性，或者对其而言，移动互联网营销仍然是一个神秘莫测的领域，轻易不敢尝试。

实际上，移动互联网营销仅仅是听上去比较新颖独特，重点还是营销二字，只不过营销的目标受众群体改变了社交、购物等生活方式而已。酒店行业的预订方式并不是一成不变的，也是经过了电传、传真、短信、电子邮件的变迁，每一次的变迁其实都是一个接受新事物的过程，何以到了移动互联网时代就要固步自封了呢？

随着社交媒体的发展，微信、微博都能够实现酒店预订功能，那么可以随时随地随心地使用的智能手机为什么不能登上酒店预订的舞台？原本需要随身携带的实体会员卡何以不能被手机 App 客户端作为虚拟会员卡取代？传统的在公共场所展示的促销优惠资料本就存在着副作用，为什么不能将之纳入移动端之内呢？

相较于连锁酒店以及在线旅行社来说，单体酒店确实缺少了某些资源优势，在推广渠道等方面有着天然的弱势，比如他们在移动互联网的依托平台智能手机方面没有任何的话语权，也就无法通过各种渠道来吸引消费者前来下载应用或访问手机网站。

俗话说，条条大路通罗马。既然此路并不具备优势，那么从移动端服务回头客入手也不失为一个好的落脚点，也就是说，**单体酒店可以直接在酒店内通过种种措施来告知消费者：酒店有自己的手机 App，并能为之提供各项服务便利以及折扣等。**

比如说，酒店的特价菜品、饮品或是特价房间只能通过下载其手机客户端才能享用，或者在特殊的日子里推出的特价优惠套餐，只有通过手机 App 预订才能参与，这些措施都可以通过海报的形式展示给消费者，对于忠诚的客户或者潜在的回头客户来说，他们自会愿意下载手机客户端并尝试其所带来的优惠与便利。

策略：两条出路，两条腿走路

单体酒店要将其手机 App 推广出去，最能见到成效的场所当属其酒店内部，无论是前台、客房，还是餐厅、电梯，总之只要是消费者能到达的地方都应放上下载手机 App 的二维码，并附使用 App 可以享受到的打折信息等。

经过一段时间的推广与沉淀，酒店手机 App 的用户就会越来越多并且越来越稳定。那时，手机 App 就会架起单体酒店与用户之间的桥梁，使得酒店内新的服务项目与促销活动等能够及时地推送给用户，用户也能够在第一时间内了解到这些优惠信息。这些手段说来并不复杂，操作起来也是比较简单容易的，是助力单体酒店直销的有效工具。

手机网站与 App 之间存在的不同，很大程度上是体现在目标受众群体的不同上，对于单体酒店来说，手机 App 的目标受众很明确，就是到酒店消费过的消费人群，也就是我们常说的回头客，而手机网站的目标受众则更为广泛，没有光顾过的大众群体都可能是潜在的预订者。

当然，手机网站也面临着一个难题，那就是单体酒店众多，消费者不可能一一都记在脑海里。对此，解决方式虽然简单，只需要通过手机搜索引擎来检索并访问就可以了，但是，这一解决方式还存在着一个拦路虎，那就是把持搜索引擎位置的在线旅行社。

所以，单体酒店要么做好网站价格分销，要么想方设法地促使消费者习惯手机网站登录，否则也只能是为在线旅行社做了嫁衣裳。

互联网的发展如此迅猛，互联网思维进一步实践的成果“互联网＋”已经影响改造了多个行业，面对如此的信息大潮，单体酒店必须要紧跟时代的步伐，积极拥抱互联网，并根据使用场景与目标受众的不同，结合自己的实际情况去运营移动互联网两大入口，使得手机网站与手机 App 能够得到最大限度的运用。

扫除认知障碍，“钱途”不远

目前，国内已经有数十家高星级酒店进军移动互联网营销的战场了，但是其中真正能将之与应用场景结合起来并发挥出较高价值的酒店却寥寥无几，如图 5–9 所示。

图片来源：亿邦动力网

图 5-9　单体酒店 App

手机客户端是开发了，也进行了推广，但是却几乎没有内置打折优惠信息，也并没有告知消费者其能够带来便利优惠等。这其实无异于暴殄天物，因为这些手机 App 存在的意义绝不是作为一个吉祥物形式的摆设，凭此来表示参战移动网络营销，而是真真正正地能够为酒店带来收益的提升。

或许，随着移动互联网的进一步普及与发展，酒店行业会制定更深层次的移动互联网战略，而互联网思维也将会渗透到酒店发展的方方面面之中。我们的生活已经被移动互联网所改变，酒店未来的发展同样也会因此而改变。传统形式的单体酒店将面临颠覆，酒店的手机网站和手机 App 的应用将更加深入到用户群体之中，并为之提供更为便捷、优惠的服务，**无论是打折信息还是专属预订，各项简单易行的手段都能提升消费者的用户体验**。正因为如此，消费者才会对酒店产生忠诚情感。

我们应该相信，单体酒店尽管还未迈出那关键性的一步，但距离紧紧拥抱移动互联网的那一天并不遥远了。届时，移动互联网将成为单体酒店提升收益的杀手锏，也会成为消费者体验消费的一大保障。

SoLoMoCoBo 营销模式：消灭库存、提高客户满意的营销利器

随着移动互联网的不断发展以及各种智能手机的不断推陈出新，网民开始逐渐从 PC 端大规模地转移到移动端，手机已经成为一种重要的上网终端。

根据中国互联网络信息中心（CNNIC）于 2015 年 7 月 23 日发布的第 36 次《中国互联网络发展状况统计报告》显示，截止到 2015 年 6 月，我国网民的规模达到了 6.68 亿人，其中手机网民达到了 5.94 亿人，相比 2014 年 12 月增加了 3679 万人，手机端的上网人群也从 2014 年 12 月的 85.8% 上升到了 88.9%。手机端已经抢占了绝大多数的网络市场。

电子商务的崛起和人们生活水平的提高，使得人们对网络购物提出了更高的要求。而手机端网民数量的飙升，为移动商务类应用带来了一个新的发展机会，也使其成为网络经济时代拉动经济发展的重要驱动力。

手机在人们生活中扮演了日益重要的角色，根据 2015 年上半年的调查数据显示，利用手机进行支付、网购以及旅行预订的用户规模分别为 2.76 亿人、2.70 亿人和 1.68 亿人，半年度增长率分别为 26.9%、14.5% 和 25.0%。

酒店行业看到了这一趋势的变化，开始更加重视手机的应用，并推出了各种手机预订服务。生活水平的提高让越来越多的人有了更高的生活追求，人们在追求基本生活的满足的同时，也更加重视自己精神和心灵世界的建设，体验不同的生活特色，品味不一样的风土人情。

“说走就走的旅行”成了很多人心之向往的事情，酒店房间的预订自然就是其中的一项重头戏。而手机端的方便、快捷的方式很好地满足了旅游者的网上预订需求。未来，手机预订酒店客房将成为酒店行业的一种趋势。

移动互联网的特点

移动互联网的出现为人们带来了一种更加便捷的信息获取方式和渠道，同时也因为其可移动以及便捷的属性在信息技术应用领域掀起了一场颠覆性的革命。本地化、移动便携性、定位以及社交等特点和功能的日渐丰富，让移动互联网在酒店行业实现了快速渗透，酒店行业的营销因为其新事物的加入而即将产生“改头换面”式的变革。

移动互联网让人们可以实现随时随地上网，据美国机构调查，上下班途中以及睡觉前是移动互联网使用人数最多的时段。很多人将在上下班途中使用网络的群体称之为“路途中的人群”，在这一部分群体中有 79% 的人会使用移动互联网购物消费。这部分群体同样也是酒店行业的消费主体。

本地化是移动互联网的一个重要特征，其自带的 LBS 定位导航功能受到了众多商家的欢迎。通过这一项功能，商家可以更容易获取用户的当前位置，从而对用户进行有效的信息推送，增加用户到店消费的成功率。

在层出不穷的移动商务类应用中，微信成为近几年最受欢迎的一种应用软件。因此微信也成了酒店行业重点掘金的一个地域。微信在酒店行业的应用意味着越来越多的客户会通过微信这个即时通信工具去挑选和预订酒店，分享酒店的体验等。微信作为手机端的重要通信工具，不仅给客户带来了更加便利的消费体验，而且对酒店营销带来了一种新的机遇和挑战，如图 5-10 所示。

图片来源：长沙旅游网

图 5-10　酒店微信推广案例

酒店移动互联网解决方案

过去的移动互联网解决方案一般就是指 Wap 站点，但是那时候 Wap 站点只是一个提供手机浏览功能的网站，而并不能解决地理位置定位、社交互动以及移动应用软件等功能，而且这种解决方案的实际应用反响也不好。因此随着各种智能手机系统的出现和广泛应用，适用于移动智能设备客户端的移动互联网解决方案已经成为移动互联网时代的主流趋势。

在提及移动互联网解决方案时，我首先想到了 SoLoMo 这个概念，这个概念是与移动互联网解决方案密切相关的。SoLoMo 即 Social（社交）、Local（本地化）和 Mobile（移动），如图 5-11 所示。

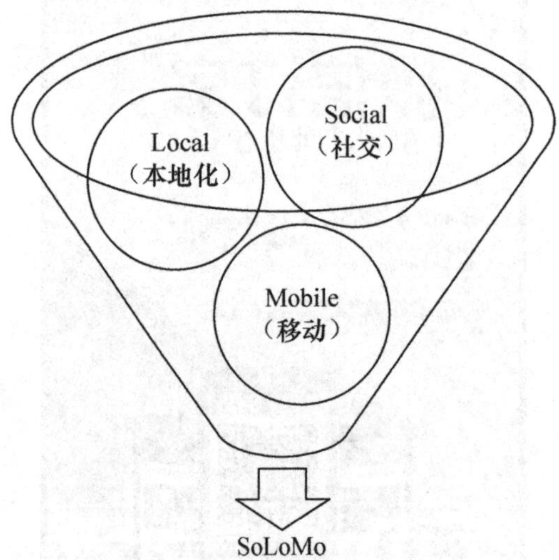

图 5-11 SoLoMo 概念的内涵

★国外的 Facebook 以及国内的微博都是比较典型的"So"代表。

★而"Lo"则代表在地理位置信息服基础上为用户提供的各种服务以及开展

的信息推送，Foursquare 就是一家建立在用户地理位置信息基础之上的手机网站。

★而“Mo”则是指适用于各种智能手机操作系统的移动互联网应用。

+-

现在很多智能手机客户端在功能开发方面都始终围绕 SoLoMo 概念。但是我认为对于酒店这个行业来说，除了遵循 SoLoMo 概念之外，还应该增加 CoBo 即 Concierge（礼宾服务）和 Booking（预订）。

作为服务行业，移动客户端在酒店行业的应用，实现了酒店与客户的连接，对酒店而言，获得了一种新的可以随时随地向客户提供服务的渠道。将 Concierge（礼宾服务）应用于移动网络，通过贴心、极致的服务，打动客户，在他们的心中抢占一席之地。

而有了 Booking（预订），可以帮助酒店有效提升客房的入住率。根据洲际酒店集团的数据，有大约 65% 的用户都是在预订当晚或第二天入住酒店的。这也就意味着很多用户都会就近选择酒店。因此酒店可以更多地应用移动互联网中的定位服务，锁定一部分潜在的消费群体，然后进行有效的信息推送，从而使一些旅行者可以更便捷地就近选择入住的酒店。

致力于为酒店行业提供网络营销方案的问途公司对酒店行业的移动互联网应用专门做过一项调研，并得出结论：在智能手机应用客户端方面，酒店行业仍在起步阶段。在酒店市场上活跃的仍然是一些大型经济型连锁酒店、大型 OTA 以及国际品牌酒店应用等。

我在研究处在运行中的智能手机客户端应用案例时发现，酒店移动互联网解决方案都始终围绕 SoLoMoCoBo 概念。

+-

★“So 社交”应用。通过登陆 SNS 社区站点、用户评价以及手机签到等活动，增强酒店与用户之间的互动。

★“Lo 本地化”应用。帮助用户进行地理位置导航以及就近酒店查询。

★“Mo 移动应用”。针对 iPhone 的操作系统开发的移动应用软件属于标准化应用，洲际集团推出了适用于 iPad 平板电脑的应用软件，并且为用户提供礼宾服务，而针对 Android 系统的应用软件在国内的很多经济型连锁酒店集团已经进行全面开发，但是在国际上这种应用软件未受到重视。

★“Co 礼宾服务”应用。为客户提供酒店的设备、服务、地理位置、周边设施等信息；

★“Bo 预订”应用。为用户预订客房、查询等提供了便利。

+-

移动互联网战略对酒店运营的意义

SoLoMoCoBo 战略在酒店行业的应用，颠覆了酒店行业传统的商业模式，为人们提供了一种全新的酒店预订入住体验。2010 年，洲际集团推出了基于苹果和安卓智能手机端的应用程序，在上线仅一年的时间里，通过移动设备预订的房间量就增长了近 10 倍，酒店从中获取的收益也从最初的不足 100 万美元飙升至 10 倍以上。洲际酒店的移动互联网战略取得了巨大的成功，对于整个酒店行业来说具有战略性的意义。

在运营方面，移动互联网战略在酒店行业的应用具有哪些表现，如图 5-12 所示。

（1）在酒店行业建立直销模式

移动互联网的应用，拉近了酒店和终端客户之间的距离，让酒店可以更详细了解客户的需求，为他们提供贴心、个性化的服务。

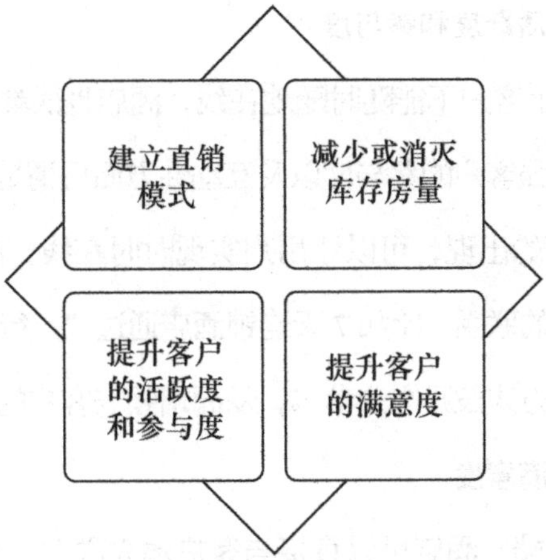

图 5-12 酒店移动互联网营运的具体表现

智能手机客户端可以实现“上网”和“通话”双功能，用户通过手机客户端不仅可以与酒店进行直接沟通，同时也可以实现随时通话，了解酒店最新的优惠信息，向酒店传递自己的服务要求。这样一来 OTA 这个中间商就没有作用了，而酒店也建立了一个直接通往终端客户的直销渠道。

W Hotel 推出的智能手机客户端除了提供客户预订功能之外，入住酒店的客户也可以通过客户端预订送餐服务和购买客房用品。这也是酒店从传统的互联网模式走进移动互联网时代实现的一大创新和进步。

（2）减少或消灭库存房量

在美国，HotelTonight 推出了当天房间短期预订的服务，可以让“最后一分钟”的商旅客户利用该软件搜索附近酒店的空房，从而降低空房率。如果是使用传统的订房网站的话，要就近找到酒店空房比较困难，而利用智能手机客户端就可以，而且还可以更方便和快捷。

通过智能手机客户端向会员客户发送当天“最后一分钟”房价，不仅可以让客户享受到更多的优惠，而且也不破坏 OTA 等渠道合作伙伴的商业规则。

（3）提升客户的活跃度和参与度

在PC时代，由于客户不能随时随地在线，酒店也很难与客户之间实现时时互动。因此酒店在增强客户的参与度以及互动性方面可谓是煞费苦心。

而手机移动终端的出现，可以让用户实现时时在线，酒店也可以通过各种应用加强与客户之间的联系，比如7天连锁酒店通过“点行社区”，利用“签到”获取“点币”的奖励方式鼓励客户参与，从而增强与客户的互动。

（4）提升客户的满意度

通过手机智能终端，酒店可以直接与客户建立联系，并利用移动互联网的社交属性，了解客户消费习惯以及爱好，从而以此为据提供高度定制化的酒店服务，让用户获得一种更极致的服务体验，增强用户对酒店品牌的忠诚度。

中国可以称得上是移动互联网时代的引领者，在国内外酒店客户中，其中智能手机用户要占大多数，而且在上面耗费的时间也比较多。因此，移动互联网领域的服务将成为未来酒店行业的竞争焦点，要想在竞争中抢占先机取得胜利，关键在于谁能最早切入移动互联网领域，开发出更好用、更人性化以及服务功能更强大的智能手机客户端。

但是从国内酒店行业的发展现状来看，要实现移动互联网战略还需要走很长的一段路。除了酒店行业缺乏先进的移动互联网思维之外，在技术方面也有很大的缺陷。因此要解决技术方面的局限，酒店行业就应该与技术供应商联合起来，围绕SoLoMoCoBo战略，制定具备实操性的移动互联网技术方案以及执行计划。攻克技术难关，迈向新的发展阶段，对于整个酒店行业来说也具有重要的意义。

Part 6

酒店＋新媒体营销：

酒店如何利用新媒体平台营销

新媒体时代的酒店营销：酒店如何利用新媒体平台营销

新媒体时代下新的方式给人们的生活带来了巨大的变化。而对于酒店营销来说，新媒体营销方式也逐渐成为酒店营销的重要方式之一。

新媒体是随着时代发展而不断变化的一个概念，是相对于传统媒体来进行概念界定的。具体来说，新媒体就是利用数字技术、互联网技术等，借助宽带、无线通信、卫星等通道以及电脑、手机等终端，形成一种传播新渠道，为用户传递各种媒体信息。就信息传播来看，新媒体时代的传播具有范围广、信息量大、速度快、成本低等特点。人在其中不再是被动接受的角色，而是可以进行互动和选择。

品牌竞争已经逐渐成为酒店发展的主题，酒店的潜在消费者在选择酒店之前通常要对酒店的品牌进行了解，择优而选，之后才会体验到酒店的各种服务。因此，如何让消费者在切实体验到酒店服务之前就对酒店品牌有一定的了解，这对所有的酒店经营来说都是一个重要的课题。

新媒体时代使得媒体信息传播速度大大加快，传播面积更广，这也让酒店品牌之间的竞争更加激烈。如果在这种情况下酒店品牌营销的思维模式仍旧拘泥于传统，那么就很可能面临被激烈的市场竞争淘汰的风险。

新媒体时代下酒店营销的特性

新媒体传播逐步面向全球化，成本降低，形式多样。由此而言，其营销市场也是面向全球的，那么酒店的营销也可以在全球范围内找寻客户，把品牌的影响推向全国。尤其是经济全球化的进程日益加速，同样为酒店发展提供了新的机遇，如图 6-1 所示。

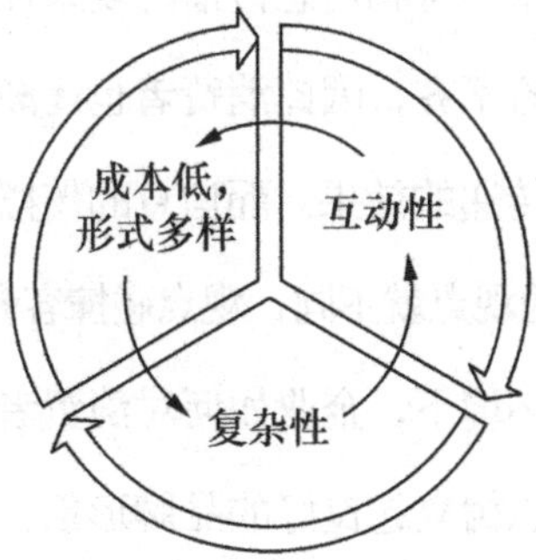

图 6-1　新媒体时代下酒店营销的特性

（1）互动性

新媒体存在极强的互动性，具体是指其能够建立一个迅捷的交流平台，在平台上企业和消费者可以进行双向互动。企业可以根据消费者的评价迅速做出反应，及时掌握市场动向。消费者也可以对企业的信息有更为详细的了解。不同于传统媒体的单向信息传输，这样的信息交流互动方式更人性化，能够让消费者体验到站在从自己角度出发的贴心服务。

平台上企业与消费者的互动实际上是在无形之中做到了品牌的推广。酒店在平台上发布服务、设施、安全等信息并与消费者进行交流，在交流中了解消费者的真实需求，针对消费者提出的愿望和意见及时进行改进。而消费者则可以针对酒店的服务、安全、满意度等问题与其他消费者进行交流，在这样的过程中不需要额外的华丽宣传，营销效应自然就出来了。

所以说，互动环节的成功对于品牌价值的提高具有重要作用。那么在企业与消费者之间的交流过程就需要企业精心把握。首先要设立专业的人士与消费者进行交流，其次交流的内容以及所发布的酒店信息还要具有实际意义，这样才能获得消费者认可。

（2）复杂性

这里的复杂性是指信息本身和信息传播的复杂性。新媒体时代下的环境极为复杂，信息量庞大，良莠不齐，因此消费者也逐渐有了相对的警惕性，种种情况无疑影响了企业信息传递的效果。而信息的传播者利益出发点不一样，所以他们在媒体上所要表达的观点就不同，观点碰撞容易产生很强大的舆论力量。

在信息透明化的传播环境下，企业如何对消费者进行正确引导是比较有难度的课题。因此，酒店要想树立起良好的品牌形象，对消费者产生吸引，就必须注意舆论的引导，及时注意维护企业形象。这就涉及一个信息真实的问题，企业要保证提供给消费者的信息都是真实的，才能获取消费者的信任。

企业在宣传营销过程中应当对话题有掌控权，随时掌控话题议论的尺度，引导舆论朝对酒店有利的方向发展。倘若出现对酒店不利的谣言要及时出来澄清，当然，对于酒店自身存在的问题也要坦诚面对，切不可修饰隐瞒。

（3）成本低，形式多样

随着新媒体全球化的发展，传播成本不断降低，传播形式更加多样。酒店的营销应顺势而行，在全球范围内寻找新一轮的发展生机。

多样化具体是指媒体形态的多样化，如微博、微信、网络视频、电子刊物等。这些平台为酒店营销提供了形式丰富的载体。而且在互联网环境下，各个载体之间联系密切，一个载体运作的成功会为在其他载体上的营销打下良好基础。这样一来，整个营销过程立体化，在消费者周围形成一个完整的宣传情境，容易从不同角度引起其消费热情。

成本的降低也为酒店宣传营销带来了性价比的优势，不仅在营销投入方面大大减轻了企业的负担，而且为后期持续进行新媒体营销提供了成本上的可行性。这也是为什么新媒体能够迅速提高市场占有比重的原因之一。

新媒体时代下酒店如何做好营销

在新媒体时代下，多样的媒体形态为酒店提供了多种选择。而如今随着旅游业等行业的发展，酒店的发展正处于上升期，那么在这个时期如何利用好新媒体营销来促进企业再上一个台阶是需要持续进行探讨和研究的问题，如图 6-2 所示。

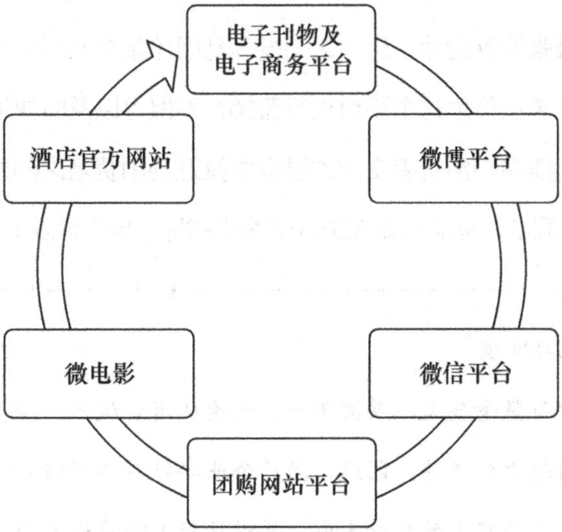

图 6-2 新媒体时代下酒店营销的平台

（1）电子刊物及电子商务平台

电子刊物突破纸媒的传播局限，以其丰富的内容、生动的表现形式、快速的传播等特点备受人们青睐，这也成为酒店营销可以借助的一种新形式。酒店可以同可靠的网络杂志平台合作，选取热门的杂志在适当的位置植入酒店的信息，也可以取得不错的营销效果。

电子商务平台也是酒店展示自己服务和产品的不错渠道。电子商务平台往往拥有完整的系统，如宣传、交易、客户服务等。与电子商务平台相联合不但能增加企业本身产品和服务的销量，还能由此进行产品推广，从而扩大市场范围。

目前，我国国内的携程网、艺龙网等电子商务平台已经全面展开了与酒店营销的合作。

（2）微博平台

微博这个平台拥有极大的流量和极为活跃的交流频率，信息传播高效便捷，终端可在电脑和移动设备端自由切换，因此具有极大的影响力。

微博具有极强的互动性，用户之间很容易因为某个共同的关注点成为一个社交群体。酒店企业借助这个平台进行营销，不但可以及时快速地获得消费者反馈的消息，还能在与消费者交流的过程中拉近与消费者之间的关系，提升消费者对品牌的认同度。酒店企业在进行微博营销时应当注意以下几点。

★用户定位要准确

微博的用户群数量庞大，层次不一，无论从消费观念、经济实力还是年龄和经历上都有着较大的差异。因此，酒店企业要针对不用特点的用户群进行准确定位，找到有消费需求的目标人群，并对目标人群推送迎合其习惯和偏好的信息和内容。

★话题要具备互动性

互动性是新媒体最主要的特征，微博营销重点在于竭尽全力吸引消费者的关注，那么这就需要微博内容如文字、图片、视频等要有足够的新意能够抓住消费者的眼球，此外还要有互动的因子在里面，无形中吸引消费者展开讨论。在当前时代下，消费者对于获取企业和品牌信息的意识增强，因此酒店企业可以趁机加入一些与酒店有关的话题与消费者进行讨论，不但增进了消费者对企业的了解，还能提高品牌的知名度。

★微博营销的持续性

微博营销是一个具备阶段性、持续性的过程，每一个阶段向下一个阶段过渡都是有一定依据的，双方是互相支撑的。所以酒店企业在做微博营销时也应当有可持续发展的眼光，切勿急功近利，尤其是在初期不宜彰显出太大的功利性，容易引起消费者的抵触。

营销不能硬来，尤其是微博营销初期，酒店企业应当把重点放到扩大企业的知名度和影响力上，在获得了消费者的认可后再进行具体营销。此外，营销的内容应具备“人情味”色彩，每一个话题的互动要尽量削弱功利的影子，吸引消费者不断加入进来。

+-

（3）微信平台

同微博相比，酒店企业对于微信这个平台的利用率还不是很高，拥有自己官方微信的酒店较少，因此在微信平台上酒店还有很大的营销空间。随着移动互联网的发展，人们对移动终端的认可度越来越高，尤其是商旅人士数量的增多，对移动网需求更大。

同样，在微信上也应该以“情怀营销”为主，与消费者保持持续不断的联系，不断吸引消费者加入互动。

（4）团购网站平台

这对于酒店企业来说同样是一个具备极大营销价值的平台。团购能给消费者提供价格上的优惠，因此吸引了大量消费者。而酒店团购也正是借助价格优势，吸引消费者，极大地降低了客房的闲置率，即使是在旅游淡季也能够把房间订出去。

但是很多酒店对于投放团购还是持谨慎态度的，毕竟团购带来的利润空间被压缩，而且遭到投诉的概率也是居高不下。但是也有部分运营状况较好的酒店拿出自己的部分特色服务来做团购，如游泳、健身、餐饮等，也取得了不错的效果。

大多数酒店选择与团购网站进行合作，目的还是在于扩大酒店的知名度，以此来进行宣传。但是必须要考虑的是，参加团购的消费者，其消费心理多倾向于价格优惠，消费能力往往有限，因此这样的宣传不利于酒店形象的步步提升。

（5）微电影

微电影是指专门在新媒体平台上播放，填补人们零碎时间，有完整剧情的"微影片"。这种影片投资较低，规模较小，但是具备完整的策划和系统支持。在新媒体营销时代，微电影也被看作一种有效的营销渠道，酒店企业可以把酒店信息、酒店历史故事等融入视频中。借助视频的直观性、微电影的故事性展示出来，能够起到具有娱乐性和观赏性的宣传效果。

微电影的广告植入更加不露痕迹，以故事本身明显的叙事风格融化广告信息，使观众在潜移默化中接受品牌相关信息。微电影的时间很短，但是紧凑完整的故事情节、灵活的播放渠道，以及广泛的受众人群等都使其成为有效的营销途径，再加上微电影投资成本低、运作周期短等特点，都大大增加了其承载营销信息的可能性。

作为一种视频形式，微电影很巧妙地避免了传统食品广告单方面传递信息的说教，而是从故事角度出发诠释企业文化，电影的特质使其能够吸引更多的观众。

（6）酒店官方网站

酒店官网集中呈现酒店信息，不但具备投资成本低、见效快、回报高的优点，而且在酒店形象维护以及品牌的升级方面具有重要作用。酒店的设施、安全、卫生、特色等信息都能够在官网上向客户源以及潜在客户进行展示，可以说，官网是酒店企业进行营销的基础。

酒店官网在建设过程中应当注意的是，网站的整体布局应当简洁大方，提供的信息要做到真实客观，而且整体的建设风格要彰显自己的特色，吸引消费者的注意。

此外，网站不应只注重宣传，还要注重服务。要为客户提供一站式的服务，比如酒店预订等。

官网不是一个单方面的展示平台，同其他新媒体时代下的平台一样，要注重与消费者之间的交流，建立专门的交流通道；只有在交流中才能及时意识到管理中存在的问题，并能够了解消费者需求，把握市场动向，抓住商机。

新时代的颠覆：社会化媒体如何颠覆传统酒店营销渠道

Web2.0 的发展催生了一批社会化媒体的产生，在人们交流意见和见解、分享经验方面发挥了重要的作用。现阶段的社会化媒体主要包括社交网站、微博、微信、博客等。社会化媒体的出现为企业和商家带来了一种新的营销方式。

对于酒店集团来说，也应该在微博、微信、Facebook 等各大社会媒体开设官方账号，从而通过开放的程序接口，引入酒店预订等服务，让消费者在社会化媒体上就可以咨询、预订房间及投诉等。

新浪微博推出的“微订房”产品，可以为用户酒店预订提供更多的便利，同时酒店业可以及时更新酒店的客房预订情况并管理订单。

“微订房”带来的颠覆性影响

“微订房”（图 6–3）的出现，催生了一大批社会媒体酒店预订系统，给整个酒店行业带来了颠覆性的影响。

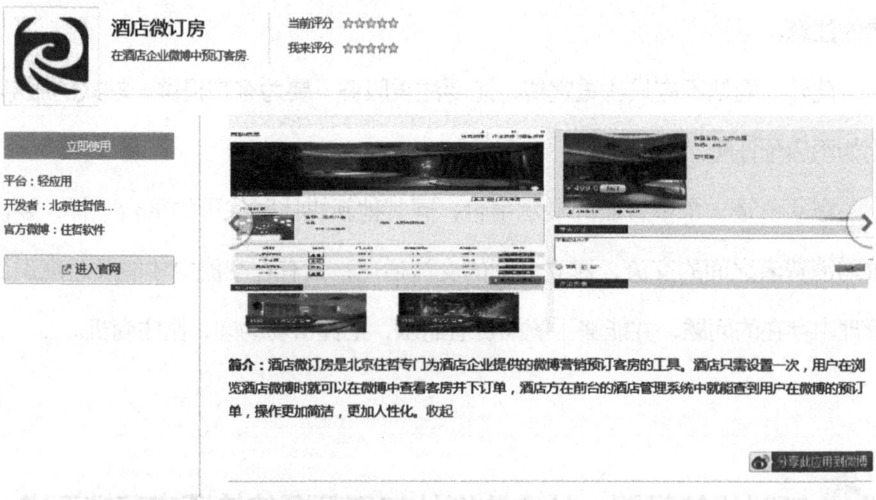

图片来源：新浪微博页面截图

图 6-3 “酒店微订房”应用

（1）社交媒体实名制的推广，推动建立了一个全新、全面的 CRM 系统

消费者如果想通过社会媒体平台预订酒店产品和服务的话，需要先进行实名注册，通过审核之后才能使用社交媒体的预订功能。客户采取实名制，除了迎合社交媒体交互以及共享的基本属性外，也会将自己的交易记录以及偏好等数据留下来，从而形成一个庞大的 CRM 系统，为酒店的精准营销提供了重要的参考依据。

酒店可以通过 CRM 系统，获取客户的入住喜好以及习惯，而使用微博、微信等社会媒体，则可以获知用户的兴趣爱好，如喜欢看什么类型的影片等。这样客户在入住酒店的时候，酒店就可以向客户有针对性地推荐影片，提高客户订购影片的概率，增加酒店的增值服务收入，或者可以免费赠送客户喜欢的影片海报，这些暖心的小举动都有可能打动客户，从而增强对酒店品牌的忠诚度。

（2）客户会获得更贴心、更人性化的服务

一般酒店的传统呼叫中心由于受限于人工操作，工作效率比较低。很难满足客户对即时互动以及分享的需求，而酒店官网、第三方订房中心依靠现代通信技术以及计算机技术，很好地满足了客户在这一方面的需求。只不过由于自身的封闭性，很少有客户知道或是了解这种预订以及互动方式。

社会媒体酒店预订平台自诞生起就带有社会化媒体的社交属性，与客户建立了一种更加亲密的互动关系，也更容易获得客户的信任。客户可以通过社会媒体酒店预订平台了解更多的酒店信息，同时也可以在最短的时间里得到服务响应。实名制客户已经基本实现了“一键预订”，大大提高了预订效率。在预订过程中，客户之间还可以进行交流和互动，减少信息不对称的现象发生，从而更快找到自己满意的酒店。

比如，你想订一间具有独特异域风情的酒店客房，传统的酒店预订网站难以满足你的需求，而利用社会化媒体平台，通过网友的互动以及分享，客户很容易就找到向往的房间类型，而且这种预订体验增强了客户的参与度，让客户获得了一种与他们互动与分享的乐趣。

（3）酒店在线预订市场面临洗牌，将打破分销渠道独占市场的局面

微订房的出现对酒店来说也是一个重要的营销方式，尤其是对于那些位置比较偏远的酒店。通常这些酒店的房价比较低，而且缺乏推广和营销能力，因此一般都是依靠代理商来保证客房销量。虽然中介代理的营销推广在一定程度上缓解了偏远地区酒店的营销压力，但是酒店也需要缴纳比较高的佣金，真正落到酒店手中的净利润就降低了。

“微订房”等社会化媒体营销平台凭借平台的高访问量和积累的庞大用户基数，大大提高了酒店的曝光率和房间预订率。“微订房”的应用也让酒店实现了各个营销渠道均衡发展的目标，降低对任何一个形成依赖的可能性。在拥有健康渠道结构以及合理渠道成本的基础上，酒店能够实现更稳定的成长和发展。

酒店利用社会化媒体新模式的三原则

社会媒体化平台在酒店行业的应用，让很多酒店在在线营销方面取得了不错的成绩，因此未来会有更多的酒店集团加入到新型模式的行列中去。酒店要想顺利开展社会化媒体新模式，需要遵循三点原则，如图 6-4 所示。

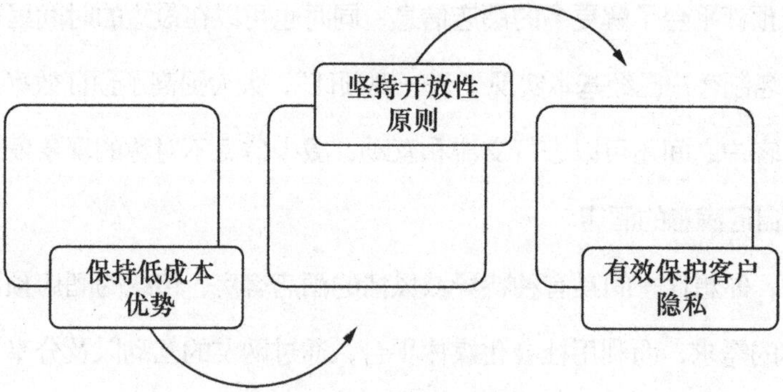

图 6-4　酒店利用社会化媒体新模式的三原则

（1）保持低成本优势

我认为酒店行业应该始终遵循“合理利润求长效”的理念，切忌梦想一夜暴富，这是不现实的，而且也不利于酒店的长远发展。

因此，对于“微订房”等社会化媒体营销渠道，我希望它们能始终贯彻互联网“免费”精神，做一种低成本的应用。随着“微订房”等社会化媒体营销方式的火爆，不能担保将来其是否会演变成一个 OTA，会根据订单收取佣金。

互联网的发展将人们带入了一个凸显个性化、多元化以及共享性的时代，从长远来看，强势垄断者将逐渐失去自己的垄断地位，而那些符合“长尾”“草根”“去中心化”的个性化商业模式能够实现更长远发展，因此会有越来越多的传统旅游公司开始朝着这个方向转型。

这个商业规律也同样适用于社会媒体平台，以“微订房”为例，微博通过提供增值服务获得流量以及客户，提高了客户对酒店品牌的忠诚度，酒店开辟了一种低成本的分销渠道，而客户则获得了一种全新的酒店预订服务体验。因此，保持低成本优势，是各种社会化媒体营销渠道迅速铺开的重要保证，也是这一新模式的关键优势。

（2）坚持开放性原则

社会媒体营销平台应该贯彻平台开放性的原则，免费提供开放性的、标准化的接口，一端连着社会媒体平台，另一端连着企业的管理系统，同时将线上业务各个环节打通，构建一个开放型的产业链，积极鼓励酒店等第三方企业开发新的应用。

以“微订房”为例，新浪不应该成为这个应用的专属者，酒店也应该成为应用的开发商之一。新浪只负责经营社会媒体平台，而各酒店要根据自身的状况以及自己对预订业务的定义，开发和设计应用，并将应用与自身中央预订和会员系统实现连接。

与新浪相比，酒店更了解预订业务，因此由酒店自行开发的应用，不管是产品设计还是客户体验，更容易受到客户的欢迎，满足客户的需求。

Facebook 在这一方面为其他的社会媒体树立了一个良好的榜样，Facebook 不做具体应用，而是为用户提供平台和接口。这种开放、共享的合作方式能让双方保持长期的合作以及盈利。

（3）有效保护客户隐私

与国内社会媒体平台相比，Facebook 在客户隐私保护上有自己的独特功能。

★用户可以自己选择和决定各种信息数据的保密程度。

★用户可以随时注销自己的账号，清除自己的历史记录和信息。

在隐私方面有了安全感之后，用户才可以更放心地使用社会媒体平台。

随着社会化媒体的广泛应用，未来会出现更多像“微订房”一样的酒店预订应用。这些社会化媒体平台只有保持低成本优势，并始终贯彻执行平台开放、自由的原则，从客户出发提供更贴心的服务和产品，才可以让双方的合作变得更有价值，促进双方的共同发展。而这类平台未来也将成长为酒店行业一种新的营销渠道，并最终发展成为一种主流的平台型电商。

营销启示录：喜达屋国际酒店如何“玩转”新媒体营销

喜达屋酒店和度假村国际集团在世界酒店与服务业领域占据领先地位，其营业范围覆盖全球 11 个国家，酒店数量 1134 家，雇佣员工超过 17 万人。喜达屋的品牌在全球享有盛誉，它集业主、经营和销售为一体，是一个规模庞大的综合性集团，旗下拥有艾美、喜来登、豪华精选、瑞吉、雅乐轩等知名酒店。

SPG 俱乐部是喜达屋一项在业内备受赞誉的会员忠诚计划。俱乐部会员可以凭借积分兑换酒店服务，如住宿、客房升级、航班等。除了酒店经营之外，喜达屋还是喜达屋度假住房所有权股份有限公司的所有者，其所设立的贵宾体验以及别墅度假酒店给消费者带来高品质的体验享受。

新媒体时代下，喜达屋的营销策略

喜达屋酒店与度假村为其 SPG 会员设立了一个可能赢得独特体验的机会。会员可以通过积分参加网上拍卖，与明星见面、看世界杯、参加音乐会等都有可能实现。当然，要推出这样的活动需要有周密的策划，这就需要互联网营销人员来进行策划并负责最终的执行。

在线营销经理职位的平均年薪约为 18.4 万元，而随着互联网的持续发展，互联网营销会占据一个很大的比例，此类职位需求还会越来越多，喜达屋对互联网营销这一方面还是极为重视的，如图 6-5 所示。

（1）品牌营销策略

互联网营销的重点之一就是借助互联网的各个渠道和各大平台迅速树立起品牌形象，并不断扩大品牌影响。喜达屋酒店和度假村集团在互联网上实行一系列的推广措施，借助各大线上营销渠道，对酒店旗下的品牌进行营销推广，逐步把品牌形象推人公众视野并获得公众认可。

（2）网页推广策略

喜达屋酒店集团非常重视自己官网的建立和维护。在网页建设过程中针对消费者的需求进行不断调整，并且与线下门店进行对接，网站人性化程度提高。

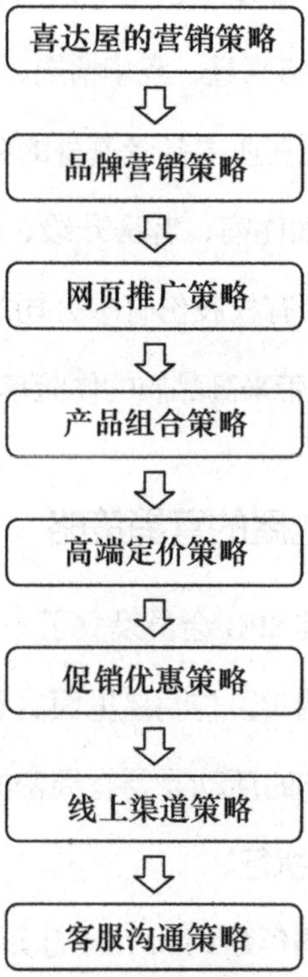

图 6-5　喜达屋营销策略的组成

喜达屋酒店集团在不断建设完善网站的同时也不断推广自己的网站。官网结构完整，信息丰富，从集团介绍，到酒店具体服务类型，再到预订信息应有尽有；而且还与酒店管理系统实行对接，使得线上收到的预订信息能够及时投入到酒店的实际运营中。

（3）产品组合策略

喜达屋酒店推出了独具特色的酒店与度假村组合的产品策略，这一组合是世界级优秀酒店集团都具备的特点。

此外，酒店内部装潢和设施都十分考究，达到了世界级的水平，再加上完美的服务，为酒店品牌赢得了极好的声誉。

（4）高端定价策略

喜达屋酒店在价格方面走高端路线，树立起一个高端、优质的品牌形象。价格体系富有层次性，在客房定价上分为首日价、门市价以及均价三位一体，具有较大的灵活性和浮动性。

（5）促销优惠策略

喜达屋在大中华区的众多品种推出了不少的促销优惠活动，这也是其优惠政策的一部分。这些活动在全国多个商业发达的城市同时推出，连成一片，形成了巨大的品牌效应。促销活动具体包括以下几项。

★价格适当优惠，受旅游等影响分为淡季和旺季，应时调节。

★成立俱乐部，即SPG，目的在于笼络一批长期消费者，以各种会员活动鼓励他们经常来住。

★配合节日进行促销，如情人节、圣诞节、感恩节等。

★公共关系管理。

（6）线上渠道策略

网络直销为交易的实现提供了更为便捷高效的途径，销售模式省去了其他的销售环节，在电子商务的参与下变得更为直接。其打破了生产商、经销商以及消费者之间的阻碍，把三者连接起来，大大增强了交易双方的互动交流，拉近了彼此之间的距离。

同时，其为企业的销售系统也提供了便利，方便其直接向终端经销商或者是消费者进行销售。这样一来交易模式变得更加简单高效，交易成本减少，成为企业营销的一种基本模式。

★线上直销的优势

在互联网的帮助下，线上直销可以实现企业到消费者的直接销售，包括B2C和B2B。与传统的分渠道、多渠道的销售模式相比，线上直接销售具有很大的优势。

+-

▶**首先，信息的交互性是互联网的重要特点之一。**借助互联网进行营销改变了传统营销单向传递信息的模式，变为双向互动的信息交流，拉近了生产者与消费者的距离。在网上，生产者可以发布与企业以及产品的相关信息，包括品牌信息、产品成分、使用方法等，而消费者也可以对企业和产品进行了解，综合考虑做出选择。那么企业就可以了解到消费者的购买偏好和习惯等，有针对性地对产品及时做出调整。

▶**其次，通过网上直销的方式，生产者和消费者都获得了更加方便的销售服务。**举例来说，生产者可以通过互联网为客户提供网上支付的服务，客户足不出户就可支付成功，然后等待送货上门就可以了。再比如生产者还可以通过网络对客户进行售后指导，尤其是对于一些技术性要求较高的产品，厂家就可以对客户进行远程指导和培训，这不仅为消费者提供了便利，也为生产者减少了大量上门服务、维修等成本。

▶**最后，在控制成本方面，网上直销也是功不可没。**通过省去传统销售的许多中间环节，大大压缩成本，生产者可以根据订单进行生产，这样就减轻了库存压力；同时，营销成本也在降低，但从传统营销上门推销这一项来看，就省去了不少成本。

+-

当然，线上直销也存在明显的缺陷，那就是承载信息的网站较为分散，用户在浏览过程中很难一个个仔细阅读，大多是走马观花，对于一些知名度并不高的中小企业来说尤其如此。为了弥补这一缺陷，一方面要尽快建立和完善专业服务于商业活动的信息网点；另一方面就是要找寻分销渠道弥补不足。

★线上间接销售

电子商务虽然发展势头极为迅猛，但在整个营销市场所占比例上还是与传统营销有着一定差距。为了弥补网络营销的不足，线上交易中介机构开始诞生。这一中介机构在交易双方之间搭建桥梁，使间接交易成为可能，比如亚马逊网上书店、中国商品交易中心等都属于这一类中介机构。

其优点在于有利于对交易过程进行整理，简化交易流程，帮助实现规模化，并在整个过程当中对买卖双方的信息进行收集。在未来的网络市场中这一机构将发挥着无可替代的作用。

（7）客服沟通策略

上面提到，互动交流是互联网最为显著的特征之一，在营销过程中互动方式显得尤为重要。在传统营销模式中强调的是人与人之间的单一交流。而互联网营销则更加注重针对产品特性和消费者的特点进行交流。喜达屋集团就设立了专业的团队，通过实时网络监控，了解消费者信息，在交流过程中提高消费者对自己的满意度。

从喜达屋互联网营销中得到的启发

对于饭店集团来说，最终目的就是最大限度地扩大盈利和现金流。为了达成这一目的，喜达屋采取了一系列措施，具体包括适量增加现有饭店收益、挑选适当的新饭店收购、增加集团饭店经营合同以及经营协议数量，如图 6-6 所示。

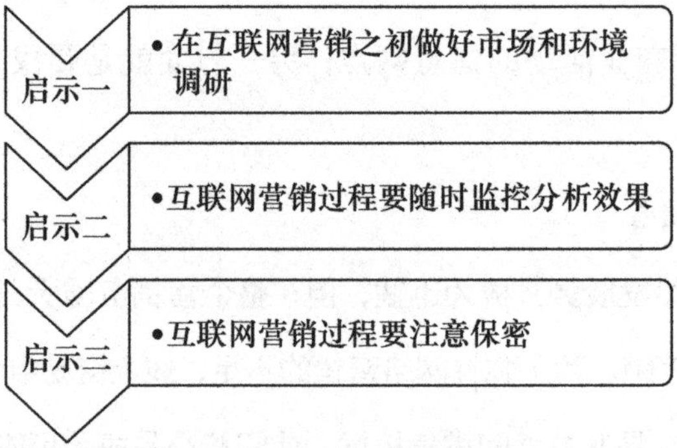

图 6-6　从喜达屋互联网营销中得到的启发

（1）在互联网营销之初做好市场和环境调研

同所有的营销形式一样，在具体实施之前一定要经过充分的调研考察之后制定出详细的策略，只有详细了解环境及对手之后做出的营销策略才是成功率最高的。

调查方式具体可以包括利用软件和搜索等，或者采取调查问卷的形式。对象包括我们已经达成交易的客户以及感兴趣的潜在客户，其中涉及的一些市场数据或者是行业报告则可以去相关的资料库搜集。

（2）互联网营销过程随时监控分析效果

互联网营销不是执行了策略之后就可以放手不管的，而是要对实时的效果进行随时监控，并及时做出分析以及相应的调整，这对最后的营销效果有着很大的作用。这一过程可以通过一些免费的统计分析工具来完成，如谷歌分析和 CNZZ 统计等。我们在分析效果的时候主要是通过关键词以及搜索痕迹等分析出客户的来源。

（3）互联网营销过程要注意保密

虽然互联网环境下信息透明化日益明显，但是对于营销来说一些计划不宜较早公开。此外，也要注意与员工签订互联网营销保密和竞业禁止协议，谨防内部资料外泄。对于极为重要的任务可以设立互相监督机制让两人或者多人一起负责。对于网站的信息安全也要格外重视，及时维护新型网站安全，注意网站数据备份，以便在网站出现崩溃或者受到攻击时可以及时恢复数据。

社会化媒体＋移动 App：构建移动互联网时代的营销组合拳

移动应用与社会化媒体的碰撞无疑给各大企业带来了巨大的变革，社会化媒体可以为企业提供全面而又精确的用户信息，各大企业可以利用社会化媒体实现对用户的兴趣偏好、需求心理等方面的信息收集。移动应用则为企业构建了能够实现与用户实时互动的平台，实现企业与用户的无缝对接。社会化媒体与移动应用成为企业在移动互联网时代发展建设的两大利器。

国际上一些酒店将社会化媒体与移动应用营销完美结合，走上了一条新时代的创新发展之路。美国的多家酒店在 Facebook 上建设了酒店预订模块，这种与用户的即时互动为争取那些线上旅游代理机构手中的客户资源提供了巨大的便利。

移动营销方面，凯悦酒店集团（Hyatt Hotels Corporation）为用户提供移动手机订房、退房等服务。希尔顿酒店在 2014 年推出的移动应用刚上线后不久就有 60 多万次的下载量，到了 2015 年，这些 App 可以作为房间钥匙，客户不需要在前台登记就可以直接进入房间。

希尔顿酒店推出的移动应用可以让用户提供房间预订以及修改、搜索酒店的产品及服务等功能。下面我将带大家分析一下社会化媒体与移动应用的结合给酒店行业带来的巨大改变。

利用社会化媒体挖掘客户细微需求

喜达屋集团将企业的 Facebook 主页打造成与用户连接的渠道，在用户需要酒店预订服务时喜达屋的员工将会随时为用户服务，并且与用户即时沟通，满足用户的个性化需求。通过这种方式将会构建稳定长期的密切联系，不再只局限于客户入住酒店的短时间交流，喜达屋集团的旗下 9 个公司的上千家旅馆已经开通了 Facebook 主页。

纽约特朗普国际酒店在 Facebook 上开通了预订服务，而且一些公司高层的个人 Facebook 主页上也开通了此项服务，当用户在 Facebook 上完成了预订服务后，工作人员会与用户进行交流沟通，建设用户的个人数据信息，完善用户对于房间的配套设施、房间温度、饮食就餐等个性化需求。

自 2009 年以来，加勒比海地旅游胜地巴巴多斯的几十家酒店已经在 Facebook 上向用户提供预订服务。酒店作为注重用户体验的服务机构，必须能随时随地为消费者提供服务，让用户自己去寻找酒店服务无疑会失去大量的商机。

预订服务可以使用户与酒店进行交流互动，而且社会化媒体的即时互通也使用户与企业建立的交流关系超出了预订交易的价值。在社会化的媒体帮助下企业能发掘用户的个人偏好信息、消费需求等潜在的消费价值。

能为用户提供多元化的个性化服务会增加用户对品牌的忠诚度，在价格上也能获得足够的话语权，如果酒店进入价格战必将会导致由于利润降低所带来的服务质量的下滑、用户体验的降低，同时使酒店陷入困境。

利用社会化媒体占据旅游业竞争优势

消费者对于社会化媒体平台上提供旅游服务有着庞大的需求，由全球旅游业权威机构 PhoCusWright 进行的一项调查显示：13% 的社会化媒体用户在这些平台上购买旅游及其相关服务，35% 的智能用户希望社会化媒体平台开设手机预订旅游服务。

以 Travelocity、Priceline 等为代表的旅游在线服务公司将在线酒店预订服务份额从 2008 年的 41% 调整到了 2013 年的 46%。

一方面在线旅游机构通过低价打折等优惠活动为酒店带来了巨大的收入，另一方面它也为酒店带来了诸多难题。例如，酒店通过在线旅行社向消费者出售的产品以及服务利润会大幅度减少，与消费者建立联系的是满足他们各种旅行需求的在线旅行社，而消费者与酒店之间的关系变得疏远。

社会化媒体为酒店提供了一个与用户建立有效连接、夺回被在线旅行社占有的用户资源的机遇。消费者可以直接在 Facebook 上完成酒店的产品以及服务的预订、修改、评论等，可以减少第三方中介机构的参与，为酒店争取到更多的利润空间。

与客户互动，根据客户行为完善酒店服务

Facebook 的高层指出：旅游业正是 Facebook 最佳的合作目标，本质上具有社交属性的旅游业与社交媒体的属性极度契合。消费者可以在 Facebook 上同朋友讨论各大酒店的产品及服务，而且一些消费者的用户评论还能为其他人起到

参考作用。除了房间预订、修改等基本功能以外，一些酒店还在 Facebook 上开通了客户投诉处理、线上营销等模块。

另外，Facebook 通过向用户提供一些统计数据，有效地帮助了酒店优化自己的主页，比如 Facebook 的 Like 按钮在满足消费者为自己喜欢的酒店“点赞”的同时，还可以让酒店获得用户的统计信息，让酒店及时了解不同阶段的互动效果并为线上营销提供指导。

借助社会化媒体，酒店无论是与消费者直接交流沟通，还是通过分析用户数据发掘潜在价值，都获得了一种有效的改善用户产品以及服务的机遇。

借移动应用提供随时随地的服务

移动营销满足企业随时随地为消费者提供服务的需求，消费者也可以利用自己碎片化的时间寻找自己所需要的商品以及服务。一些酒店研发的智能手机应用可以让用户完成房间的预订以及退订，为二者之间构建了一座紧密联系的桥梁。让消费者更感方便的是，酒店应用提供了菜单搜索功能，由此消费者可以享受到各式各样的美餐。

LBS 营销在酒店的移动应用上有了广阔的施展空间，它不仅向酒店提供了用户的地理位置，还能将线上以及线下结合起来为酒店创造更大的价值。国际上著名的啤酒品牌 Stella Artois 以及星巴克为酒店行业的移动应用 LBS 营销提供了一条清晰的发展之路。

Stella Artois 公司开发出了一个移动应用，用户在大街上打开手机的摄像头，手机上就会显示出离自己最近的酒吧，朝地面拍摄时，手机上还会出现导航的箭头，将用户送至酒吧。另外，如果用户出现喝醉的情况，还可以通过此应用打车被安全地送至家中。

星巴克则是通过与国内知名 LBS 网站“街旁网”合作推出了一项新产品免煮咖啡 VIA 营销活动，用户在社交媒体平台上可以随时分享 VIA 的饮用感受。星巴克在此过程中使品牌获得推广，还能获得用户的地理位置信息以及社交媒体平台上的用户信息。消费者在分享的同时会获得星巴克赠送的代金券、精美礼品等。

四季酒店的品牌社交：酒店如何与消费者实现“零距离”互动

随着在线社区、博客、百科以及其他一些互联网社交平台的发展，社会化营销也开始成为各行各业的促销手段，尤其是以旅游酒店为代表的服务业。消费者在体验之后，有了更多的消费心得，也更具发言权，并通过社交平台传播。

根据 SAS 和宾夕法尼亚大学的研究报告显示，用户点评影响着消费者的购买决策，从而影响酒店的营业额。由于 UGC 的存在，价格透明转向价值透明，消费者可以更直接地了解到酒店的价值。因此，酒店必须以内容为王，重点营销酒店的服务以及设施，以此才能保持市场竞争力。

对于酒店等服务行业来说，如何利用大数据，及时地了解消费者的需求，并且如何为他们提供个性化、定制化的服务是酒店等服务行业都面临的问题。

四季酒店从事社交媒体营销的 Felicia Yukich 曾说：“我们相信在大数据时代能胜出的品牌一定是和他的消费者一块创造的。四季酒店一直以消费者为中心的企业文化能让公司迅速适应以消费者为主导的交流体系。”

四季酒店是一家国际性的奢华酒店管理集团，创立于 1961 年，它依托互联网的优势为用户讲故事，进行内容营销，与用户交流沟通，为其提供优质的体验。下面，我们就从四季酒店如何进行社会化营销着手，探讨酒店旅游等服务性行业如何利用社交媒体营销，从而建立品牌，提升影响力。

社会化营销在品牌战略中的地位

2015 年，通过社交媒体进行营销成为酒店服务业的发展趋势，酒店借助线上以及移动互联网客户端的优势，与旅客零距离交流，使旅客在行前、行中和行后都通过互联网反馈需求，从而享受基于位置、多屏化以及视频互动等服务。

四季酒店在经营过程中，也多次尝试通过社交媒体平台营销。

例如，在 Twitter 上举办虚拟品酒会。通过 Facebook 与粉丝及时交流沟通，了解他们的需求，参与 Foursquare 和 Gowalla 基于位置服务的 App 应用，并在 Youtube 上发布信息，使四季酒店成为搜索关键词。

四季酒店将一半的精力放在数字媒体平台上，通过社交媒体平台营销，拉近与消费者的距离，满足他们的长尾需求，以此形成用户黏性和忠诚度。四季酒店在数字营销上的投入超过营销总支出的 50%。

每家酒店都会配有一位社交媒体经理，有的酒店甚至有多位。社交媒体经理不仅负责解答消费者的疑惑和投诉，还要与消费者交流沟通，为他们提供最新的信息。通过社交媒体与社交经理交流的用户既可以不在酒店内，也可以是入住酒店的客人。在互联网还没有普及的时代，他们通过打电话反馈自己的需求，而现在只需通过 Twitter 或者博客来反馈。

四季酒店的成功得益于它的营销以及高层管理者的重视，能够及时地满足消费者的需求，拓展业务范围，四季酒店在全球范围内的连锁酒店里实施统一的营销策略，所推广的品牌也是一视同仁。在进行社会化营销的同时，四季酒店也注重本土化经营，将酒店的消费者变成粉丝，实现粉丝效应。

虽然酒店在实施社会化营销时的策略点不同，但实施的初衷都是使整个企业参与进来，而不是某个人或者某个部门独立运营。

专业团队运营管理社交平台

2009 年，四季酒店开始着手实施社会化营销，创建自有品牌，同年，消费者也开始期望能随时随地地与其品牌进行互动。因此，四季酒店专门设立部门，负责运营社交平台，及时了解消费者的需求，与其交流沟通。

目前，四季酒店已在主流的门户网站上创建了自有品牌，并投入大量的精力管理数据，与消费者互动，如 Facebook、Youtube、Twitter、Tumblr 等，通过这些社交平台及时了解消费者的需求。

四季酒店能成功运营社会化平台的关键是“真实性”和“参与度”，如图 6-7 所示。

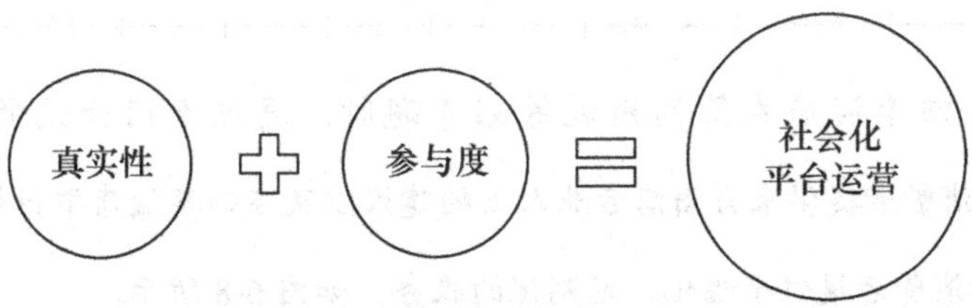

图 6-7　四季酒店成功运营社会化平台的两大关键

正如四季酒店的数字营销高级副总裁 Elizabeth Pizzinato 所说：“这不是简单地创建 Twitter 账号或者 Facebook 页面的问题：社交媒体渠道所依靠的是即时性、参与度和真实回应。所以企业要准备好面对配置社交渠道关键资源时带来的额外管理压力。”

对于酒店管理来说，**具备专业的平台运营部门，管理用户的评分和点评体系以及数据分析能力等是提高酒店品牌影响力和盈利的关键。**

因此，四季酒店在不同的社交媒体上注册账号，获取消费者在这些平台上反馈的信息，及时地了解他们的需求，并与消费者沟通互动，挖掘潜在需求，抓住行业的发展趋势，不断地完善自身，为消费者提供个性化、定制化的服务。

极具效果的内容策略

四季酒店之所以能为消费者提供个性化的服务，离不开它极具效果的内容策略。

专门成立的社交平台运营部门，负责与消费者互动沟通，及时了解他们的需求，为消费者提供优质的服务。四季酒店社交平台的内容策略由两部分组成：用户生成内容和线上线下渠道提供极致的体验，而消费者在参与不同活动的过程中，会与不同的品牌交流互动，体验个性化服务。

+-

例如，四季酒店在策划婚礼筹划专题时，通过专门开设的Twitter和Pinterest向消费者提供来自酒店专业人士的建议以及在四季酒店举行婚礼的新娘的故事，为消费者提供个性化、定制化的服务，如图6-8所示。

2013年，四季酒店举办Maxine畅游曼哈顿竞猜活动，以商旅群体为消费对象，专门为其打造家庭周末旅行的活动方案，并投入大量的资源，启用大量的社交平台，如Pinterest、Twitter、Instagram和Vine等。

图片来源：创业家

图 6-8　四季酒店的个性化、定制化服务

四季酒店以照片和酒店的形式为消费者提供个性化和定制化的服务，入住酒店的消费者可以近距离与 Maxine 交流。通过 Maxine 畅游曼哈顿竞猜活动，酒店可以及时了解消费者的需求，并为其提供精准的服务。Maxine 畅游曼哈顿竞猜活动的举办实现了酒店的预想：四季酒店的周末收入同比增长了 5%，Facebook 的粉丝数增长了 10%，Twitter 的粉丝数增长了 19%。

除此之外，四季酒店还在社交媒体平台上“打造其视觉资产”，在一些新的平台，如 Instagram 和 Tumblr 等推送内容，发挥应有效用。同时，酒店还与餐饮业和夜生活中的“超级明星”达成战略协议，共同为消费者提供极致的服务。

+-

毋庸置疑，四季酒店作为一个奢侈豪华的连锁酒店集团，它的成功离不开它为消费者提供个性化、定制化的服务，消费者至上的经营理念以及不断创新的品牌文化，入驻四季酒店的消费者能够拥有完美的睡眠质量，体验到独特的当地生活，真正体验到宾至如归。而通过社交媒体讲故事以及与消费者的互动，更是让消费者在不同的活动中体验到酒店独特的品牌文化。

管理篇

Part 7

互联网＋酒店管理：

互联网时代，酒店管理变革新思路

互联网思维＋酒店管理：如何利用互联网思维经营酒店

酒店业想要在经营管理中融入互联网思维，首先要理解什么是互联网思维。滴滴打车的管理模式，为想要与互联网融合的产业提供了借鉴经验。

+-

滴滴通过免费给出租车司机安装软件，抢占了一定的市场资源；在2014年初，又与快的掀起大战。消费者只需很低的价钱就可以打到车，而出租车司机的损失则由滴滴承担，滴滴期望用巨额的补贴培养消费者对打车软件的黏性。到2015年，滴滴打车的用户数已累积上亿人。2015年2月，滴滴又与快的联手，共同打造O2O平台，从而垄断打车服务市场。

+-

对于酒店业来说，酒店的消费者流量大，且客房布局具备场景化的特点。互联网与各行各业的融合已成为发展趋势，酒店业须从O2O着手，在酒店内构建真实的生活场景，打造家居用品等商品的“体验馆”，而国外已开先河。

2013年，喜达屋集团旗下的Aloft酒店与美国家居内饰零售商Design Within

Reach 合作，在其旗下的 20 个酒店展示和销售 Design Within Reach 的产品；而希尔顿、万豪和凯悦酒店等酒店，展示自有品牌的同时，也开通网上营销渠道，销售家居用品，线上渠道与线下渠道相互配合，消费者可以在线下体验之后，在线支付，享受舒适、便捷的服务。

打造超出预期的服务

酒店业一直以满足消费者的需求为发展方向，让消费者体验到宾至如归的服务，酒店业的行业准则恰好与互联网思维的“以用户为中心”相符。360 总裁周鸿祎说：“做到用户至上，体验为王，免费的商业模式，颠覆式创新就是互联网思维。”

酒店可以在客户关系管理中融合互联网思维，为消费者提供极致的体验。正如周鸿祎所说：“只有把一个东西做到极致、超出预期，才叫用户体验。”目前，很多酒店也意识到用户体验的重要性，开始重点打造用户体验，并取得了一定的成绩。

高档酒店除了设施齐全、精致之外，在服务上也力求做到极致，很多高档酒店在消费者入住之后，都会配有送茶服务，而中小酒店由于人员不足，以及条件所限，无法为消费者提供这一服务。但是亚朵酒店却为消费者打造出极致的体验，自 2013 年成立，经过两年的发展，亚朵酒店已经拥有了 80 多家门店，亚朵酒店的成功无疑是用户至上的最好证明。

客人变成酒店粉丝

互联网的发展，带来了手机、电脑市场的繁荣，而酒店业也开始与互联网融合，运用互联网思维管理客户关系，将酒店的消费者变成粉丝，并取得了成功。众所周知，粉丝的力量是巨大的，他们是一群特殊的消费群体，会为酒店带来巨大的经济效益，产生粉丝效应。

时光漫步怀旧主题酒店能在短短的一年时间里，拥有 5 家门店，并且每家店的出租率高达 110% ~ 120%，在 OTA 上的点评排名一直靠前，关键是因为它有一批忠实的粉丝，形成了用户黏性和忠诚度。

时光漫步怀旧主题酒店以怀旧为主题，吸引了大批的粉丝前来消费，再辅之以优质的服务，为粉丝提供舒适、便捷、极致的用户体验，如图 7–1 所示。时光漫步怀旧主题酒店能为消费者提供不同于传统酒店的服务，正是这些特别之处，让普通的酒店消费者变成了粉丝，在情感的驱动下，愿意为自己中意的产品买单。

图片来源：中欧商业评论

图 7-1　时光漫步怀旧主题酒店

培养用户黏性：免费背后隐含巨大利润

对于普通的消费者来说，滴滴和快的的经营模式让人无法理解，如司机的损失由滴滴和快的承担，并斥巨资请消费者打车、发放打车红包、积分换券等。

互联网行业在发展之初，会采取各种措施吸引用户，再在用户的基础上制定长远的发展规划，从而获得利润。滴滴和快的就是运用互联网思维，以较低的门槛和成本吸引用户，以免费的形式，培养消费者新的打车习惯，进而实现盈利。

在消费者养成新的消费行为和消费习惯之后，形成用户黏性和忠诚度，滴滴和快的就能够实现盈利，它们由一个打车软件变成一个流量入口，商业模式和经营模式的转变，为它们带来了利润。“给用户提供有价值的服务，用户离不开你了,你就自然有钱赚了。”滴滴和快的这种免费吸引用户形式的核心就是“设计隐形的利润空间”，意味着企业的利润链条增长。企业通过一些免费的活动吸引了大量的用户，抢占市场资源，从而实现盈利。

既然打车领域能够形成一些免费的项目，那么，酒店行业呢?

根据互联网思维，只要可以提升流量，就可以将流量变现，实现盈利。酒店在与家居合作之后，在酒店内部打造家居用品的体验馆，通过合作，扩大了盈利渠道，进而拓展市场规模；如果酒店也采用免费模式，吸引用户体验，酒店变身为流量入口，那么酒店就可以与更多的行业合作，为它们提供产品销售平台，而随着销售的产品种类日益丰富，酒店的增值服务费也会增加。

体验购物＋免费住：打造高档次互联网酒店

目前，我国越来越多的酒店开始试水O2O，致力于将酒店打造成家居用品的体验馆，其展示的商品种类也日益丰富，并且酒店又引入免费住模式，以吸引更多的消费者。

2014年，如家上线“如家优选平台”，与家居类企业达成战略合作，作为食品、床上四件套、浴巾、毛巾等商品的体验馆，如家成为以酒店和旅行为核心的商品销售平台，如图7-2所示。

图片来源：如家优选平台网页截图

图 7-2　如家优选平台

尚客优也试水“购物 + 免费住”的经营模式，将其旗下的中档酒店品牌尚客优精选打造成一个家居商品展示和销售平台，开创“酒店住宿 + 体验消费”的全新的经营。

尚客优与供应商合作，免费为其提供商品的展示和销售平台，打造一个集家装、家具、卫浴、布草、洗浴等于一体的消费者体验馆。消费者可以先在尚客优体验，如果满意，再上网购买，在线支付，十分方便；此外，消费者只要购买了同等房价的商品，就可以免费入住尚客优。

了解痛点才能成功

酒店业成功经营的关键就是满足消费者的需求，而如何才能了解消费者的需求呢？这就需要酒店抓住消费者的痛点。例如，上厕所没有卫生纸是入住酒店的消费者的痛点，如果酒店能抓住消费者的这一痛点，满足他们的需求，就会给消费者留下良好的印象。

由马斯洛需求层次理论可知，厕所卫生纸的问题仅仅是最低的生理需求层次，酒店在经营的过程中运用互联网思维，不能仅解决消费者的生理需求，还要解决更高层次的需求，如安全需求、社交需求、尊重需求、自我品位需求等，如图 7-3 所示。

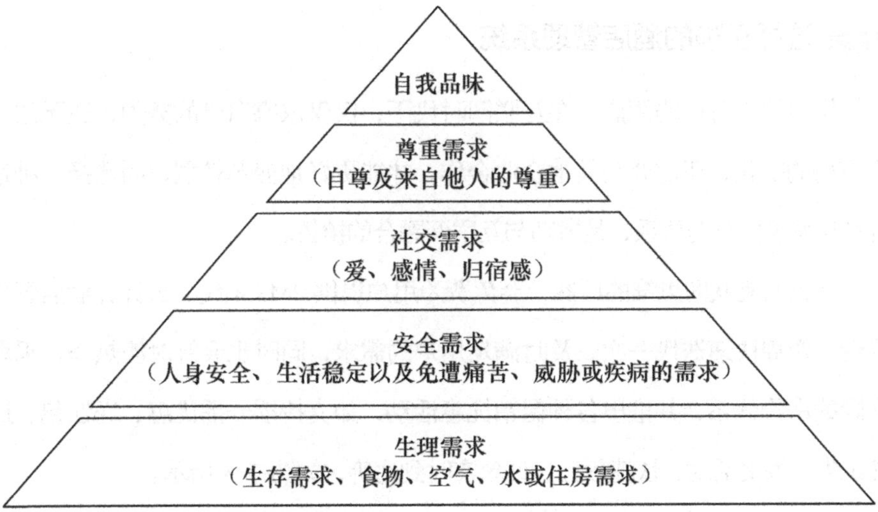

图片来源：环球旅讯

图 7-3　马斯洛需求层次理论在酒店营销领域的运用

+-

创建于 1996 年的青岛海景花园酒店，以其优质的服务和用户至上的经营理念在酒店业中非常著名。

从宏观上看，青岛海景花园酒店以“不让消费者吃亏，消费者永远是对的”作为企业文化，与互联网思维的用户至上理念相符。并且，这一企业文化的实施，满足了消费者的“尊重需求”，甚至是“实现自我”需求。

从微观上看，青岛海景花园酒店为消费者提供多元化的服务，并以“用户至上，体验为王”为经营理念，让消费者体验到极致、舒适的服务。从进房间讲解、出门指路服务到离店送矿泉水，青岛海景花园酒店将消费者的需求放在首位，力求做到互联网化的管理。酒店将互联网思维与客户关系管理融合在一起，为消费者打造极致的体验。

+-

选择正确的酒店管理系统

作为传统行业的酒店，在互联网时代下，仅仅依靠自己的努力，还无法适应市场的变化，还需要与其他企业合作，才能更好地变革转型；而选择一种适合酒店发展的管理体系，是成功与互联网融合的捷径。

真正的互联网思维的厂商，会免费为用户提供 PMS 系统、云计算酒店管理平台、两周快速迭代一次、及时满足用户的需求，同时也会针对淡热季，采取不同的房价体系，并推出各种促销优惠活动，如支持摇一摇优惠、送红包、送优惠券、抽奖活动、快捷预订、订单实时到达等，如图 7-4 所示。

图片来源：中欧商业评论

图 7-4　移动互联网酒店云平台

一个优质的酒店管理系统，在为酒店免费提供 PMS 服务时，还能够帮助酒店利用互联网思维管理客户关系，小到如何吸引某个客户，将客户变成粉丝，大到如何利用社交媒体进行营销，逐渐使酒店成为互联网浪潮中的先行者。

随着移动互联网时代的来临，大量的商业模式也渐渐兴起，免费体验酒店模式更适合红星美凯龙等大型的家具企业的发展，但它们错失市场机遇，而被酒店业抓住。未来，谁又会凭借“体验＋免费”的经营模式获得成功，我们还将拭目以待。

智慧酒店：未来酒店业的必争之地

现在传统酒店业遭受旅客的冷待遇，原因主要有以下三点。

★随着人们消费水平的提高，越来越多的人在闲暇时光会选择外出旅游，选择更加舒适的酒店，但传统酒店不管在硬件设施上还是运营模式上都显得很陈旧。

★随着人们的需求不断多样化，人们也更趋向于选择富有个性化的住宿产品，而传统酒店几乎千篇一律，彼此之间的差异也仅体现在价格上。

★随着互联网的普及与发展，互联网已经成为人们生活中不可或缺的一部分，而传统酒店与互联网的结合大多只进行到“客房预订”阶段，不能带给消费者更多的智能化个性体验，从而使人们的体验性下降。

未来酒店又称智慧酒店，在与传统酒店进行竞争的过程中，主要从三方面获取优势：智能化、个性化和信息化。

目前在传统酒店行业中，互联网的应用主要体现在入住前——客户的“客房预订”阶段。而智慧酒店除了将互联网应用于入住前，还包括入住中和入住后。

入住中——将互联网与智能技术充分应用于酒店服务的各个方面，如酒店客房及相关的配套设施、用餐、娱乐等；入住后——在酒店运营的过程中，积极与周边其他行业的厂商合作，进行商业模式上的创新，从而打造以自身为中心的新生态圈，如图 7–5 所示。

入住前	入住中	入住后
•在线预订可以更多样化	•智能与个性体验很重要	•退房离店≠旅途终点

图 7-5 “智慧酒店”的内涵

（1）入住前：在线预订可以更多样化

传统酒店除了为客户提供常规的“客房预订”外，还可以尝试与门票、机票、邮轮、租车等产品结合为消费者提供在线预订服务，为酒店打造一个预订市场的新生态圈，满足消费者的各种需求。

此外，智慧酒店拥有两个制胜法宝——酒店直签和移动端，于是，很多大型的酒店集团联合合作，利用移动端向客户销售，希望在第一时间获得客户的关注。用户可以通过不同的方式和渠道获得酒店的各种信息，从而选择符合自身需求的酒店居住。

（2）入住中：智能与个性体验很重要

酒店只有为客户提供满足他们需求的个性化服务，才会让客人铭记于心。客人在出租车上即可通过酒店 App 办理入住登记，并获得入住酒店客房的数字钥匙。系统根据客人的相关要求将客房分配好后，会根据消费者的喜好进行布置房间。接下来，智能设备还可以根据客人的健康状态情况，为他们提供私人健康管理服务。

因此，当客户进入酒店的时候，所有的事情已经准备就绪，而且绝对是根据客户的要求量身制作而成。这不仅节约了客户的时间，而且尽可能满足了消费者的个性化需求。

（3）入住后：退房离店≠旅途终点

客人在退房的时候，可以一边打包，一边用平板或手机进行结账，这样就省去了在柜台等待的时间，结账之后，便可拿着自己的行李坐上在门口等待的出租车。

住宿只是客人的基本需求，由此而引发的其他生活需求——餐饮、景点门票、休闲娱乐、电商购物等是客人的更高一层的需求，酒店利用互联网和智能技术对客人的相关需求进行了解、分析，进而与周边其他行业的商业进行合作，那么，当一位客人在智能手机上看到酒店周围有自己喜欢的商品正在做促销时，很有可能就会产生购物行为。

“互联网＋”时代的到来，为传统餐饮行业带来颠覆性的改变，未来的餐饮业将向着更加多元、更加细化的方向发展，互联网在线服务与传统餐饮企业相互融合，构建了一个完整的生态圈。餐饮企业的发展还需要更多的有志人士，积极参与并投身于这一行业中，用灵活的思维将互联网运用于餐饮业中，促进这一行业的快速发展。

大数据＋酒店管理：如何利用大数据完善酒店管理体系

大数据以及云计算的兴起，使得传统产业发生了巨大的改变，作为每天产生大量用户信息的酒店管理业自然也成为大数据应用的典型领域。一些酒店从业人员开始尝试将大数据挖掘应用于日常的酒店管理之中，在如何提升用户体验以及更加有效率的管理运营方面做出了诸多尝试。

大数据发掘的内在核心是能为企业提供海量的用户信息中蕴含的潜在价值，是对资源的重新整合以及充分利用，借助互联网的即时互动性实现商业价值的传递，实现多领域、多层次的一体化服务。

大数据在酒店服务业中的应用问题成为当前酒店管理者新的时代课题，大数据又将会给酒店的经营管理带来怎样的改变？

下面，我将会为大家从酒店管理的前期市场定位、营销管理、收益管理以及质量管理几个方面为大家讲述大数据如何在酒店管理中实现用户培养、定位产品、提升市场竞争力并为企业带来最大化利润，如图 7–6 所示。

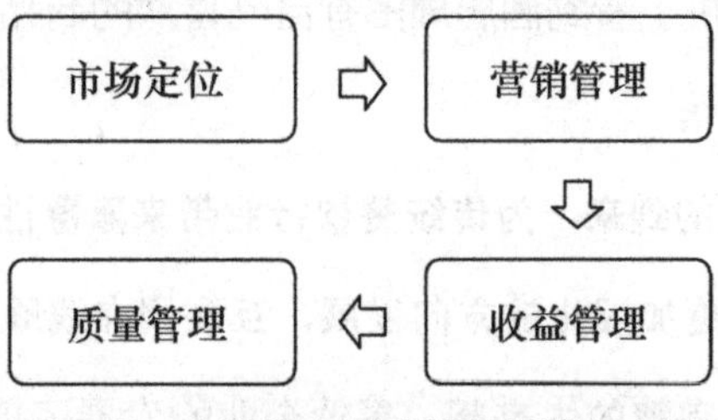

图 7-6　大数据在酒店管理领域的应用

大数据的支持更有益于精确的前期市场定位

酒店运营过程中的前期建设，需要经营者对项目进行评估以及可操作性分析，评估分析通过后才正式进入酒店建设中来。通常酒店的前期市场定位包括酒店的文化主题、规模、档次、产品，以及服务、客户群体、市场发展等。

酒店建设需要投入巨额的资金，建设期一般为 3 ~ 5 年，建设成本十分高昂。酒店进入日常的运营阶段后，市场定位再要改变就要付出巨大的代价，因此前期的市场定位必须做到精准，否则就会发生严重的损失。

定位精准的酒店能够使酒店与市场环境的发展相契合，提供和市场需求相一致的产品及服务，即使面对着同行业剧烈的竞争压力也能保持优势地位并通过及时的战略调整先发制敌。

要做到这一点，仅依靠管理人员的经验是不够的，它还需要有足够的信息数据提供给酒店管理人员进行研究与分析。这需要搜集大量的数据，统计年鉴、行业报告、行业管理部门数据、专家意见、市场调查报告等，但这些数据往往有着样本不足、时间滞后、精准度低等弊端，需要酒店经营管理人员借助大数据进行信息发掘。

酒店管理人员通过数据发掘与云计算技术可以成功地分析出有用的数据信息，并通过建立相应的数学模型为未来的市场走势构建形象的描述，使数据的收集、统计以及分析得到更为广阔的应用空间。而且许多第三方大型数据服务企业的兴起也将为酒店服务业的发展提供巨大的帮助，使酒店服务朝着"以用户为中心"的发展方向不断前进。

大数据未来将成为饭店市场营销工作的利器

酒店的市场营销过程中，所涉及的产品、渠道、用户、价格每一项在酒店的市场营销中都有着举足轻重的地位，而大数据给酒店营销管理带来的改变主要体现在以下两个方面。

★通过用户以及市场的信息获取来分析用户的需求、市场的发展以及竞争对手的经营水平，为酒店在市场中的定位与战略制定提供科学的依据。

★酒店的用户历史交易信息以及实时动态信息能让酒店分析出用户的消费

需求变化以及价值追求，有利于酒店为用户提供个性化以及差异化服务，从而提升酒店的品牌。

+-

在之前的酒店行业的竞争过程中，酒店之间获取竞争对手数据的信息渠道十分有限，仅能通过对个体的数据调查对竞争对手进行分析，无法从宏观层面上掌握市场的发展状况，对于市场竞争局势的错误评估极易造成企业的管理者制定出错误的发展战略，使酒店的经营陷入被动。

酒店营销管理的不断发展，原有的理念受到巨大的冲击，传统营销模式也逐渐被市场所淘汰，相应的对于市场发展、竞争对手策略、用户的需求等信息的精度要求越来越高。之前的市场竞争的客房出租率、客房均价、平均客房收益等数据分析演变为对市场渗透指数、平均房价指数、收入指数等方面的分析，而且如今在不同的时间阶段市场份额的走势、同比变化率等方面也要进行统计。

通过以上数据的精准分析，市场的变化发展、竞争者的动态以及用户的需求将会清晰地展现在酒店营销管理人员面前，为酒店的市场竞争过程中制定精准的营销战略，形成产品的多元化以及差异化竞争，最大限度地创造利润。

酒店在运营过程中用户的数据收集变得十分重要，大数据时代用户数据成为一笔宝贵的财富。例如，对用户的消费需求以及兴趣分析方面，酒店可以对用户在酒店中的消费、支付渠道、活动规律、平均的租住天数、产品以及服务的偏好等进行收集，建立用户数据库。

酒店可以利用这些数据对用户的消费行为以及兴趣爱好做出综合的分析。这些信息使酒店在消费者第二次光顾提供舒适的房间、可口的佳肴以及优美的音乐等个性化服务，这将会极大地促进用户忠诚度的提升，使酒店在日益激烈的市场竞争中处于不败之地。

酒店收益管理更是离不开数据的支持

收益管理如今已经成为酒店的运营过程中实现利润最大化的有效管理手段，近几年在行业内得到了普遍的认可与广泛的应用。

收益管理要求将合适的产品及服务，在正确的时间，用合适的价格，借助最有效的渠道，出售给合适的用户，最终实现酒店利润的最大化。要实现这一点，对用户的需求预测、市场的细分以及敏感分析三个方面要做到极致。

用户需求预测是指酒店管理人员通过数据的统计及分析，建立相应的数学模型，从而及时地跟踪预测出市场的动态变化。这将会为一定时期内的垂直细分市场的订房需求量、酒店产品以及服务的价格进行预测，从而进行价格的调整来满足市场的供需平衡，对于不同的细分市场制定动态价格提供依据。

市场需求旺盛阶段可以通过制定较高的价格来创造更高的利润，市场低迷时期以促销以及优惠活动来刺激消费需求，从而使酒店在不同的市场阶段达成最大化的利润。用户需求的预测的意义就在于为酒店的运营者判断市场提供了科学的依据，将产品以及服务在不同的阶段以最大化的利润进行出售，来实现收益管理。

市场的细分为用户对酒店的房间需求量以及进行“价格歧视”战略提供了指导。“价格歧视”即酒店时同一种产品或者服务以不同的细分市场对不同的消费水平的用户提供差异化的价格，对于高消费水平的用户收取较高的价格，低消费水平的用户收取较低的价格，实现产品以及服务的差异化销售。这种策略的实施依据在于通过对市场的需求及时对价格进行实时更新，实现细分市场的利润最大化。

敏感度分析借助价格的弹性需求分析技术对于不同的细分市场进行价格的

调整，从而获得市场中的潜在价值。酒店的管理者以价格的最优化调整完成酒店不同的市场阶段细分市场的最佳可售价格（BAR），以预订控制手段来达到避免房间被获得优惠的消费者预订后造成利润损失的局面。

大数据分析以及云计算技术的应用使得酒店的收益管理在酒店的运营过程中发挥出更大的作用。用户需求分析、市场的细分以及敏感度分析对于酒店对用户的收集能力提出了巨大的考验，外界市场的变化对于酒店管理有着重要的影响，酒店管理人员应该将这一方面的信息收集工作落到实处。

酒店的收益管理实现过程中如果能将酒店现有的数据与外界市场数据信息进行有效的结合，将竞争分析理念充分地应用到数据分析过程中，将在酒店的收益策略制定过程中发挥重要的作用，实现最大化的利润。

客评的多维度分析成为挖掘饭店服务质量潜力的重要因素

网络评论源于互联网论坛，论坛为网民提供一个相互沟通的即时交流平台。之前，用户在网上对于进行消费的酒店的评价信息并没有得到酒店管理者足够的重视，一些用户在网上对于酒店管理过程中提出的批评以及建议没收到酒店管理人员的及时回复，这一方面加大了用户与酒店的距离，而且使二者之间的信息不对称性加剧，对于酒店的用户忠诚度以及品牌的形成产生不利的影响。

如今移动互联网时代的来临，酒店的客户评论已经成为酒店的运营过程中的重要组成部分。之前用户对于酒店的单一的批评或者是表扬已经发展成为多层次、多角度以及多渠道上的评价，一些以“大众点评”为代表的专业用户评论平台的出现使得用户的评价更为专业化与正规化，而且发布的渠道十分广泛。如今的用户对于酒店的评论已经得到酒店服务供需双方的高度关注。